CW01659231

J. Espinós, P. Masiá, D. Sánchez, M. Vilar

Así vivieron en la antigua Roma

Un legado que pervive

ANAYA

BIBLIOTECA BÁSICA
HISTORIA

Colección: Biblioteca Básica de Historia

Director: Joaquim Prats i Cuevas,
catedrático de Didáctica de la Historia,
Universidad de Barcelona

Coordinación editorial: Jesús Navas y Enrique Posse

Edición: Paula López

Diseño: Miguel Ángel Pacheco y Javier Serrano

Edición gráfica: Elena Achón

Maquetación: David Gómez

Corrección: Sergio Borbolla

Créditos fotográficos: Age Fotostock; Aisa; Album; Archivo Anaya (Boé, O.; Candel, C.; García Pelayo, Á.;. Leiva, Á. de; Lezama, D.; Martín, J. A; Martin, J.; 6x6 Producción Fotográfica; Redondo, M.; Rivera Jove, V.; Ruiz Pastor, L.; Steel, M.; Torres, O.; Valls, R.); Cordon Press; 123 RF./Quickimages; Scala Archives

© Josefa Espinós, Pascual Masiá, Dolores Sánchez y Mercedes Vilar
© Grupo Anaya, S.A., Madrid, 2010
Juan Ignacio Luca de Tena, 15 - 28027 Madrid
Depósito Legal: M-48644-2011
ISBN: 978-84-667-9349-0
Printed in Spain - Imprime: Gráficas Muriel
www.anayainfantilyjuvenil.com
e-mail: anayainfantilyjuvenil@anaya.es

1.ª edición: septiembre 2010
4.ª impresión: septiembre 2015

Reservados todos los derechos. El contenido de esta obra está protegido por la Ley, que establece penas de prisión y/o multas, además de las correspondientes indemnizaciones por daños y perjuicios, para quienes reprodujeren, plagiaren, distribuyeren o comunicaren públicamente, en todo o en parte, una obra literaria, artística o científica, o su transformación, interpretación o ejecución artística fijada en cualquier tipo de soporte o comunicada a través de cualquier medio, sin la preceptiva autorización.

A nuestros alumnos, a nuestras alumnas...

Índice

7 LOS ESPECTÁCULOS

8 LOS DEPORTES Y LOS PASATIEMPOS

9 LOS BANQUETES Y LA *ANNONA*

10 EL TRABAJO Y LA ESCLAVITUD

ANEXOS

Prólogo

Las formas de vida que describe este libro corresponden a un período largo: los últimos tres siglos de la República y los tres primeros del Imperio.

El conocimiento de la antigua Roma es importante para los pueblos de Europa, porque su legado sigue vivo entre nosotros, especialmente en las lenguas que hablamos *(lenguas romances)*, que encuentran su origen en el latín.

Pero su huella también ha permanecido a través de los siglos en aspectos tan destacados de la vida en sociedad como la creación de una administración pública compleja y moderna en la que el derecho es el esqueleto que sostiene la convivencia ciudadana.

Otras de sus grandes aportaciones fueron el concepto de ciudadanía, el urbanismo y las obras públicas, que sirvieron de nexo cultural, comercial, militar y político para el desarrollo histórico del Imperio.

Sus modelos de ciudad, la eficacia de sus construcciones y la fortaleza de sus formas de organización social fueron el vehículo que propició que el vasto territorio del Imperio fuese homogéneo y gozara de una unidad política que resultó muy duradera.

Los referentes culturales de Grecia y de Roma, lo que conocemos como mundo clásico, la mitología, los modelos literarios y plásticos formaron la base del pensamiento, de la creación literaria y artística europea y del humanismo.

Los pueblos de la Península Ibérica se integraron plenamente en el mundo romano a través del proceso que llamamos *romanización.*

1 EL PUEBLO ROMANO

La tradición sitúa el nacimiento de Roma, allá por el siglo VIII a. C., en el monte Palatino, una de las siete colinas ubicadas al este del río Tíber. Históricamente, parece que ya hubo antes asentamientos en la zona, pero en la Antigüedad se explicaban muchos acontecimientos a partir de la intervención divina, para así dignificarlos. El origen de Roma es un claro y excelente ejemplo de ello.

Ara Casali, relieve en mármol con escenas de la leyenda de Rómulo y Remo (ss. II-III). Museo Pío Clementino (El Vaticano).

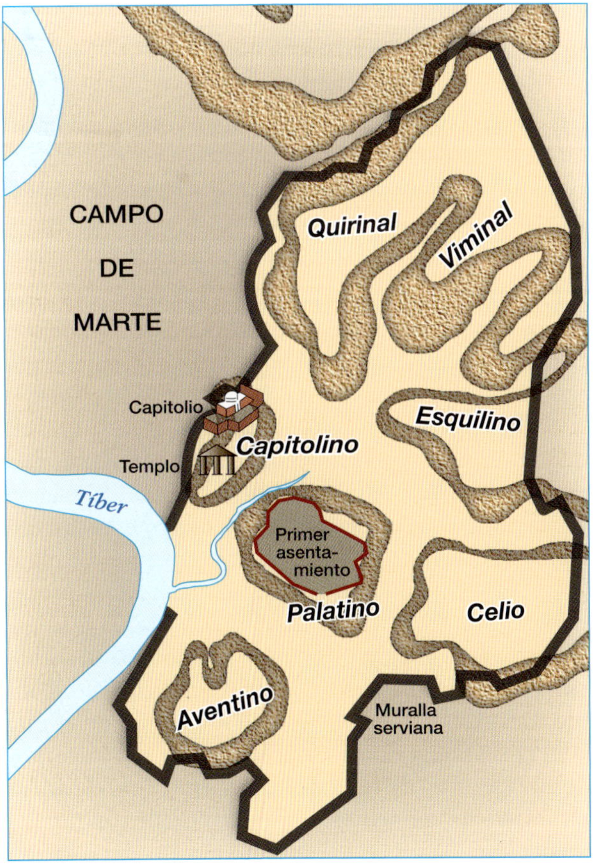

Moneda romana acuñada en el año 220 a. C.

1. ¿Quiénes fueron los romanos?

Según la tradición y la leyenda, Roma fue fundada en el año 753 a. C. En su origen, fue una aldea de pastores provenientes de los montes Albanos y Sabinos, asentada sobre el Palatino y a orillas del río Tíber.

A lo largo del siglo VI a. C., los etruscos, pueblo singular del norte de la península itálica cuyos orígenes aún no han sido del todo descifrados, hicieron de esta aldea una auténtica ciudad, con sus calles, plazas, mercados, tiendas, templos y edificios públicos.

Poco a poco, durante el período en el que los libros de Historia solo nos hablan de Atenas, Pericles y de Alejandro Magno, Roma fue convirtiéndose en una poderosa ciudad-estado, fundiendo sus raíces autóctonas con las de los etruscos, e incorporando a través de ellos los elementos básicos de la civilización griega.

Sin darnos cuenta, encontramos a los romanos luchando en el siglo III a. C. contra los cartagineses Asdrúbal y Aníbal, que intentaron conseguir la hegemonía del Mediterráneo occidental y que, incluso a lomos de elefantes, intentaron dominar Roma, atravesando los Alpes.

A lo largo de estos siglos remotos, Roma se constituyó en un estado fuerte. Dejó de ser una ciudad-estado, a la manera griega u oriental, y se perfiló como una potencia militar, colonial y política, con aportaciones a la civilización de enorme trascendencia para la historia occidental: la organización política; el concepto de ciudadanía; el derecho; la organización militar; la religión cívica, simétrica de la griega (los mismos dioses con distintos nombres...); la planificación urbana y las obras públicas —acueductos, vías de comunicación, presas, puentes, etc.—, y una afición especial por la historia. Historiadores griegos y romanos (Diodoro Sículo, Diodoro de Halicarnaso, Tito Livio, Catón el Viejo, Polibio, Julio César, Tácito, Salustio) nos narran una y otra vez la historia de Roma, de la República, del Imperio y de sus leyendas de fundación. Sin embargo, dilucidar cuáles son los elementos históricos y cuáles son simplemente legendarios es una tarea no resuelta del todo.

2. La fundación de Roma: Rómulo y Remo

El historiador Tito Livio narra la leyenda de la fundación de Roma, intentando entroncar sus orígenes con Eneas, héroe troyano.

Según Tito Livio, en el siglo VIII a. C. reinaba en Alba Longa —ciudad de la región del Lacio fundada por un descendiente de Eneas— el rey Numitor. Su hermano Amulio, llevado por la ambición, lo expulsó del trono y consagró a la hija de Numitor, de nombre Rea Silvia, al culto de la diosa Vesta. Pero Marte se enamoró de ella, y de su unión nacieron los gemelos Rómulo y Remo. Amulio, el nuevo rey, se asustó y ordenó que los arrojaran al río Tíber. Sin embargo, un servidor se apiadó de ellos y los depositó en un cesto que flotó sobre el río hasta llegar a una orilla. Allí los encontró una loba, que los crio amamantándolos.

Cuando los gemelos fueron mayores se enfrentaron al rey usurpador y restituyeron el trono a su abuelo Numitor. Ellos se instalaron en una colina, cerca del lugar donde fueron alimentados por la loba, y la rodearon con un muro de piedra. Así cuenta la leyenda los comienzos de la ciudad de Roma.

La loba capitolina

Según la leyenda, Rómulo y Remo, fundadores de Roma, fueron amamantados por la loba Luperca al ser abandonados en el río Tíber después de su nacimiento. Esta loba dando de mamar a los gemelos ha sido identificada siempre con el mito fundacional de la capital italiana. La estatua que la representa, célebre en todo el mundo, se conserva en los Museos Capitolinos, de ahí que se la conozca como la *loba capitolina*. En cuanto al origen de esta escultura en bronce, hasta ahora se pensaba que la figura del animal era una pieza etrusca de los siglos VI o V a. C., y que los niños se añadieron al conjunto en época renacentista. No obstante, las últimas y muy recientes investigaciones parecen demostrar definitivamente que la loba fue esculpida en la Edad Media, bastantes siglos después de lo que se creía. Para las figuras de los gemelos se mantiene la cronología renacentista.

Esta maqueta reproduce la ciudad de Roma en la época constantiniana. Fue realizada por el arquitecto Gismondi en el s. XX y se encuentra en el Museo della Cività Romana (Roma).

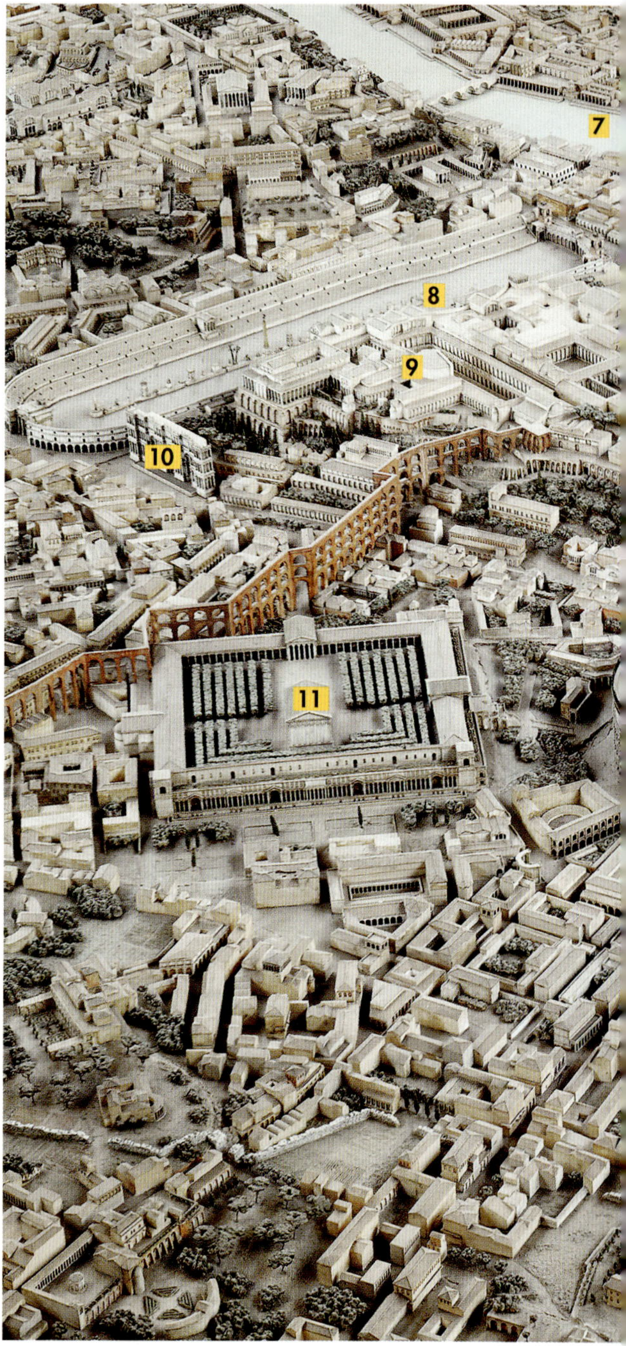

1) Foro romano
2) Foros imperiales (César, Augusto y Trajano)
3) Templo de Juno
4) Templo de Júpiter
5) Teatro de Marcelo
6) Isla Tiberina
7) Río Tíber
8) Circo Máximo
9) Palacios imperiales del Palatino
10) Septizodio
11) Templo divino Claudio
12) Coliseo
13) Templo de Venus
14) Escuela de gladiadores
15) Termas de Tito
16) Termas de Diocleciano

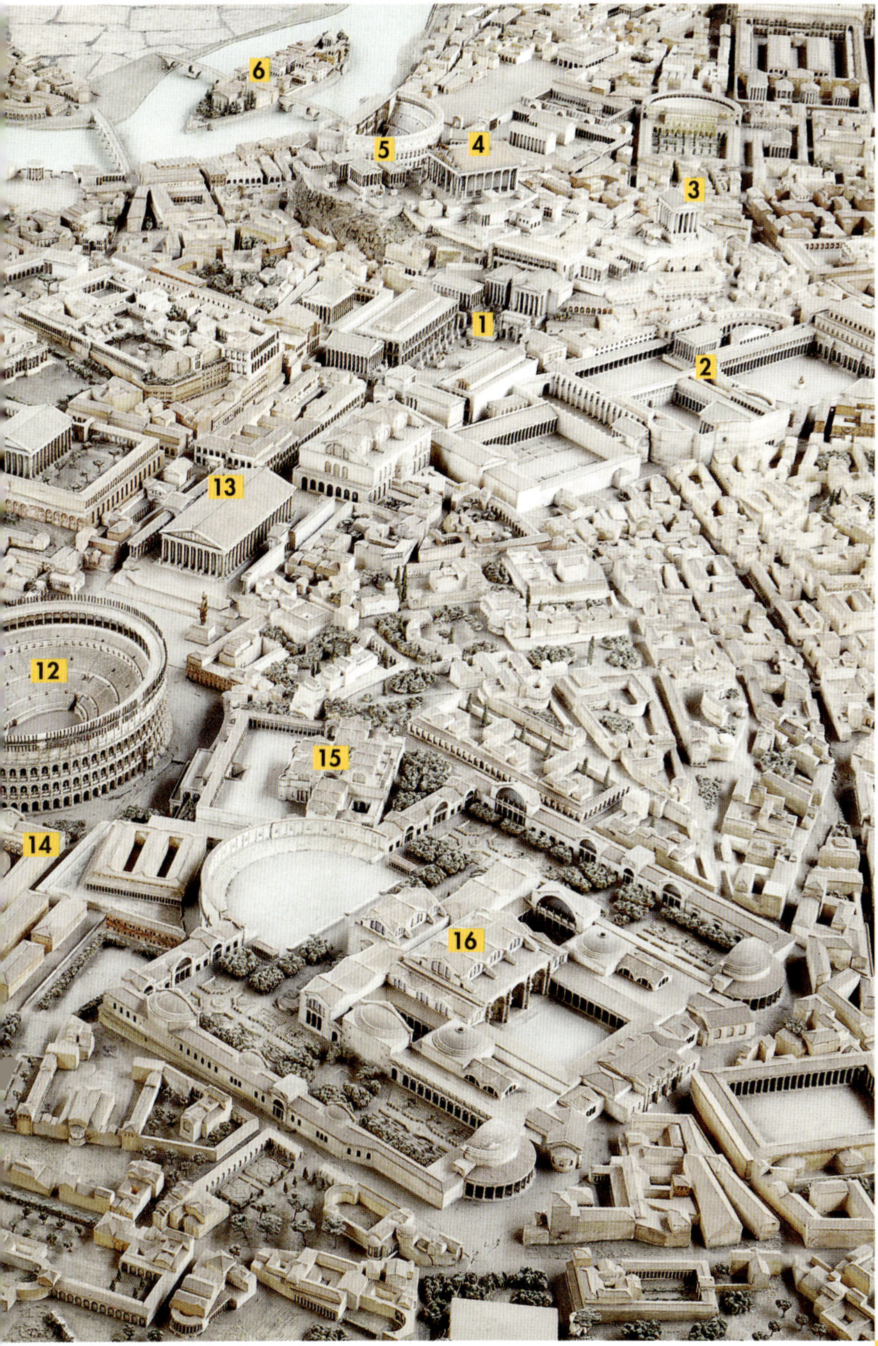
6
5
4
3
1
2
13
12
15
14
16

3. De la ciudad al Imperio

Tradicionalmente se vienen distinguiendo en la historia de Roma tres grandes períodos.

La Monarquía. Se extiende desde el siglo VIII a. C. hasta el año 509 a. C. Es la época del surgimiento del Estado romano y la creación de un nuevo sistema político.

La República. Desde el año 509 a. C. hasta el año 31 a. C. Época de creación de la unidad itálica y de expansión del estado romano por el Mediterráneo. Roma llegó a abarcar desde Gran Bretaña hasta el norte de África, y desde la Península Ibérica hasta el río Éufrates, en Asia.

El Imperio. Desde el año 31 a. C. hasta el año 476 d. C., año de la caída de Roma a manos de los bárbaros.

Este período se suele subdividir en tres etapas: Principado o Alto Imperio, crisis del siglo III, Bajo Imperio.

La participación política del pueblo romano

En su origen, los ciudadanos romanos estaban divididos en tres tribus, que a su vez estaban subdivididas administrativamente en diez *curiae* (curias).

Recibían el nombre de **comicios curiados** las asambleas populares a través de las cuales los ciudadanos participaban en la política, eligiendo rey, entre otros asuntos de interés público. En los comicios, cada curia tenía un voto, treinta en total, y las decisiones se tomaban por mayoría de dieciséis votos.

Solo los patricios, descendientes de los fundadores de Roma, formaban parte de estos comicios, pues eran los únicos que tenían derecho a intervenir en los asuntos de la ciudad y del Estado y a detentar algún cargo público. Eran la aristocracia que asesoraba al rey. Como obligaciones tenían la participación en el ejército y la contribución económica al mantenimiento del Estado.

La expansión de Roma por el Mediterráneo dio lugar al Imperio Romano. Alcanzó su máxima expansión en la época de Trajano (s. II), cuando llegó a abarcar desde el océano Atlántico, por el oeste, hasta el golfo Pérsico, por el este, y desde el desierto del Sáhara, por el sur, hasta los bosques del Rin, por el norte.

El resto de la población libre, los plebeyos, que eran mayoría, no tenían derecho de ciudadanía. Con el paso del tiempo, y por necesidades económicas y del ejército, en el siglo V a. C. se concedieron determinados derechos civiles a todos los habitantes de Roma y de las tierras circundantes dependientes de ella. En el siglo III a. C., los plebeyos que habitaban en la península itálica consiguieron la plena ciudadanía; es decir, la igualdad de derechos con los patricios. A partir de ese momento, patricios y plebeyos constituyeron el *populus romanus* (pueblo romano). Paulatinamente, este derecho se fue ampliando a los habitantes de las ciudades, hasta que en el año 212 el emperador Caracalla concedió la plena ciudadanía a todos los habitantes del Imperio que no fuesen esclavos.

El emperador Caracalla.

La participación política de los nuevos ciudadanos se hizo a través de los **comicios centuriados** y de los **comicios tribunados.** La pertenencia a los primeros se basaba en la riqueza que se poseía. Su organización en centurias era semejante a la del ejército. Cada centuria estaba formada por el número de familias que podían aportar conjuntamente cien soldados cuando se necesitasen. Cada centuria tenía un voto y, aunque los patricios mantuvieron su poder político, los comicios centuriados superaron en importancia a los curiados.

En cuanto a los comicios tribunados, eran las asambleas de todos los ciudadanos una vez determinada la división de la población de la ciudad y de las tierras circundantes en veintiuna tribus (siglo V a. C.). Cada tribu tenía un voto, y aquí también dominó la posesión de riqueza.

Cada clase de comicios tenía asignadas unas facultades políticas y la elección de determinados magistrados.

Curia Julia (Roma), sede del Senado, construida en el s. I a. C.

Las magistraturas ordinarias de la República

	Órgano electivo	Competencias
Cuestor	Eran elegidos por los comicios tribunados. Su número y la duración del cargo eran variables.	Recaudaban los impuestos y se encargaban de la hacienda pública.
Edil	Los elegían los comicios tribunados anualmente. En la ciudad de Roma fueron cuatro.	Eran la máxima autoridad municipal y estaban encargados del mantenimiento del orden. Vigilaban los pesos y las medidas en los mercados para evitar el fraude. Se ocupaban del aprovisionamiento de alimentos y otras necesidades básicas de las ciudades. Organizaban los espectáculos y cuidaban de los oficios religiosos.
Pretor	Eran elegidos por los comicios centuriados. Su número y la duración del cargo eran variables.	Responsables de la administración de justicia.
Cónsul	Se nombraban dos y eran elegidos por los comicios centuriados. El cargo era anual.	Jefes del poder ejecutivo y del ejército. Presidían el Senado. Jefes religiosos.
Censor	Eran elegidos por los comicios centuriados entre los senadores que habían sido cónsules. Eran dos y se elegían cada cinco años. El cargo suponía la culminación del *cursus honorum* (la carrera política).	Hacían y verificaban el censo de los ciudadanos de Roma, de Italia y de las provincias. Contrataban las obras públicas que se iban a hacer durante su mandato. Vigilaban la pureza de las costumbres.

Con la llegada de la República se estableció un modelo político cuya intención era evitar los abusos de poder habidos durante el período monárquico anterior. Para ello, se separaron las funciones legislativas de las ejecutivas, y los cargos públicos eran por elección y temporales. No obstante, el desempeño de estos estuvo reservado a los *patricios,* hasta que en el siglo III a. C. los *plebeyos* de Roma y de la península itálica consiguieron la plena ciudadanía. A partir de ese momento, patricios y plebeyos constituyeron conjuntamente el pueblo romano. En cuanto al resto de habitantes de las tierras que Roma iba conquistando, no consiguieron la igualdad de derechos hasta principios del siglo III, cuando el emperador Caracalla extendió este derecho a todos los hombres libres del Imperio.

Las instituciones y las autoridades del Estado romano eran las **magistraturas**, el **Senado** y las asambleas populares, llamadas **comicios**.

Las magistraturas las formaban los siguientes cargos: dos **cónsules** elegidos por un año que ostentaban el mando supremo en la guerra y en la paz, presidían el Senado y ejecutaban sus decisiones; los **pretores,** cuya función era administrar justicia; los **cuestores,** responsables de la hacienda pública y de la recaudación de impuestos; los **ediles,** que eran la máxima autoridad municipal, responsables de mantener el orden público, del abastecimiento de víveres y de la organización de fiestas y espectáculos.

Los **censores** se encargaban de hacer el censo de los ciudadanos y de velar por la pureza de las costumbres. Eran la culminación del *cursus honorum* (carrera política) y solo podían acceder a esta magistratura los senadores que habían sido cónsules.

En circunstancias excepcionales se nombraban **tribunos de la plebe** para representar los intereses de los plebeyos, pudiendo vetar cualquier ley contraria a ellos. Y cuando concurrían circunstancias de grave peligro para el Estado o para los ciudadanos, el Senado nombraba por un período de tiempo concreto un **dictador,** magistrado que concentraba en él todos los poderes civiles y militares.

En cuanto al **Senado**, era el órgano supremo consultivo y legislativo. Además, le correspondía declarar la guerra, firmar la paz, administrar correctamente las finanzas y nombrar a los máximos mandos militares. Por último, los **comicios**, formados por los ciudadanos organizados en asamblea, eran los encargados de elegir a los magistrados y de tomar decisiones sobre asuntos concretos.

Con la instauración del régimen imperial se mantuvieron formalmente las instituciones republicanas, pero quedaron sin contenido. Los emperadores concentraron en ellos todo el poder y eran asesorados por personas de su confianza. El gobierno de las distintas provincias del Imperio se ejercía a través de **procónsules, prefectos** y **procuradores** nombrados directamente por el emperador (provincias imperiales) o por el Senado (provincias senatoriales).

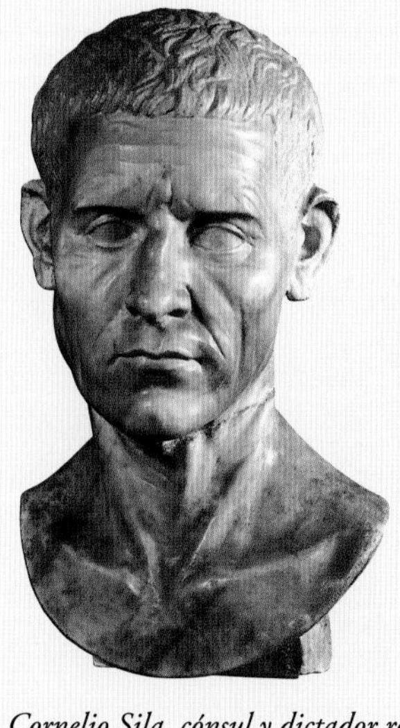

Lucio Cornelio Sila, cónsul y dictador romano del s. I a. C.

2 LAS FAMILIAS ROMANAS

La sociedad romana era muy desigual y estaba muy jerarquizada. Por eso, resulta difícil hablar de la familia como de una institución única y homogénea. Así, las familias ricas vivían en casas lujosas, poseían *villae* (villas) en el campo y eran muy numerosas; en cambio, las pobres se hacinaban en casas de pisos y su tamaño era mucho más reducido. En Roma, un reducido número de familias ejercían una gran influencia política y social.

Medea con sus hijos. Fresco de Pompeya.

1. Del nacimiento a la vida adulta

¿Aceptación o abandono?

Al nacer, el niño —o la niña— era colocado a los pies del padre. Si este lo levantaba y lo cogía en sus brazos, manifestaba que lo reconocía como hijo y se comprometía a su crianza y educación. Pero si el padre consideraba que ya tenía demasiados hijos o que carecía de medios para criarlo, era libre de exponerlo.

Como se ve, la familia romana no se parecía mucho al modelo de familia de nuestro tiempo. En primer lugar, los padres no tenían la obligación, ni moral ni jurídica, de aceptar a todos los hijos nacidos del matrimonio. La exposición de los niños recién nacidos, es decir, su abandono público para que fueran adoptados por otras familias, constituía una práctica habitual y legal, tanto en las familias pobres como en las ricas, patricias o plebeyas. El abandono de niños legítimos estaba motivado por la miseria, en el caso de unos, y por la política patrimonial, en el caso de otros; era una manera de evitar la excesiva parcelación de las herencias.

Padre con su hijo en brazos. Detalle del sarcófago de un niño (s. II). Museo del Louvre (París).

Busto de un niño. Escultura romana del Museo de Cuenca.

En Roma, delante del templo de la Pietas estaba la llamada columna lactaria; a su pie depositaban a los bebés abandonados, que habitualmente eran recogidos (si lo eran) por personas cuyo único fin consistía en explotarlos como esclavos, mendigos o prostitutas si se trataba de niñas. Los niños deformes o inútiles, o los simplemente débiles, eran eliminados.

El adoptado tomaba el apellido del nuevo padre. El infanticidio del hijo de una esclava también era admitido como normal, y la decisión de aceptarlo o no correspondía al amo de la esclava.

En Roma, un ciudadano no tenía un hijo; literalmente, lo cogía, lo levantaba *(tollere)*. El jefe de familia decidía aceptarlo o no. Únicamente, con el transcurrir de los siglos, y gracias a la expansión de la nueva moral estoica, esta práctica se convirtió en ilegal, y hasta que eso ocurrió, durante una época fue objeto de reprobación moral por parte de ciertos sectores, pero no de condena legal.

Los niños expuestos era raro que sobreviviesen, y, a veces, la exposición no era sino un simulacro, para encubrir que la madre lo había confiado ya a unos vecinos, o a algún liberto, para que lo criase y lo «educase». Flavia, la esposa del emperador Vespasiano, tuvo este origen.

Las familias romanas parecen no haber sido muy prolíficas. La ley establecía un privilegio a los nobles que tenían tres hijos, lo cual era sintomático de un número ideal de vástagos. Parece que se practicaba un cierto control de natalidad, sin demasiadas restricciones morales y sin prohibiciones legales.

La vía para ampliar la familia no era únicamente tener hijos en *justas bodas,* según la expresión romana. Había dos maneras de tener hijos: engendrarlos y adoptarlos. La adopción era un método para evitar que una familia careciese de descendencia y también era una manera de adquirir un estatus social. Para ser nombrado gobernador de provincias, por ejemplo, había que ser *paterfamilias.* El emperador Octavio fue hijo adoptivo y heredero de César.

El recién nacido recibía el nombre, que se componía de tres partes, a partir del día noveno. Primero tomaba el *praenomen* (nombre de pila), luego el *nomen* (nombre de familia) y, por último, el *cognomen* (el de algún rasgo que lo distinguiera). A modo de ejemplo, citaremos el nombre completo de un personaje bien conocido: Cayo Julio César: Cayo *(praenomen),* Julio *(nomen,* correspondiente a la familia Julia) y César (*cognomen*, que significaba 'peludo'). Las mujeres solo recibían el *nomen* y el *cognomen.*

Desde el primer día se le ponían amuletos. Los primeros juguetes eran los sonajeros *(crepitacula),* a los que seguían otros de índole muy variada. La lactancia y los primeros cuidados eran confiados a una *nodrix* (nodriza), que solía convertirse en su segunda madre.

La ninfa Leucotea amamantando a Dioniso. Casa de la Farnesina (s. I a. C.). Museo Nacional Romano (Roma).

La educación y la escuela

En las familias ricas, los niños eran confiados hasta la pubertad a un pedagogo, llamado también *nutritor* o *tropheus.* El niño se dirigía al padre, llamándole *domine,* pero se relacionaba más con los domésticos, la nodriza y el pedagogo, que con sus propios padres. La nodriza le enseñaba a hablar (en las familias patricias solía ser griega), y el pedagogo, a leer.

La *schola* (escuela) era una institución reconocida a la que acudían niños de diversos orígenes. El calendario religioso marcaba los días de descanso. Las clases se daban por las mañanas, y a ellas acudían niños y niñas; a los doce años, se separaban. Solo los niños, si eran de familia rica, continuaban estudiando. Un *grammaticus* les enseñaba los autores clásicos y la mitología; algunas niñas tenían un preceptor que les enseñaba los textos clásicos. Sin embargo, a los catorce años la niña era considerada ya una adulta *(domina, kyria).*

Pedagogos y maestros

El pedagogo era un educador que acompañaba al niño en todo momento; lo recibía de manos de la nodriza a partir de los siete años y no le perdía de vista ni de día ni de noche, vigilándole en los juegos, en las comidas, en el sueño... Completaba la labor del maestro, ayudando al niño en la preparación de sus trabajos escolares.

Los pedagogos solían proceder de Grecia. Su función terminaba al tomar el joven la toga viril. Los niños de las familias ricas podían estudiar la enseñanza primaria en casa con un maestro particular, pero, a partir de los doce, la enseñanza secundaria se hacía fuera de casa (en las llamadas tiendas o *tabernae).*

En la imagen, una joven pompeyana con un lápiz para escribir y unas tablillas de cera en la mano en la actitud reflexiva con la que les gustaba ser pintadas a las mujeres de clase alta.

Este tondo (pintura enmarcada en un espacio curvo) es un fresco denominado Safo, *aproximadamente del año 50, encontrado en Pompeya y conservado en el Museo Arqueológico Nacional de Nápoles.*

Los niños aprendían fundamentalmente Retórica. El currículo estaba compuesto por Lengua Materna, Homero, Retórica, Filosofía, Música y Deporte. Los griegos no aprendían Latín, mientras que los romanos de la mitad occidental del Imperio aprendían Latín y Griego, y concedían menor importancia al Deporte y la Música. Sin embargo, y dado que la escuela era una institución sufragada por el dinero de los ciudadanos que enviaban allí a sus hijos, una parte muy numerosa de la población infantil estaba privada de ella. Los textos clásicos ofrecen muchos ejemplos de niños que trabajaban a edades muy tempranas en oficios muy diversos, y nada hace suponer que asistieran a la escuela a partir de los doce años.

Ceremonia iniciática. Niño junto a matrona. Fresco de la Villa de los Misterios (Pompeya).

La mayoría de edad

A los dieciséis o diecisiete años, los niños «ricos» abandonaban la escuela y optaban por el *cursus honorum* (la carrera pública) o el ejército.

No había mayoría de edad legal, y dejaban de ser impúberes cuando el padre o tutor los vestía con la *toga virilis,* es decir, con vestidos de hombre. Era frecuente que, hasta el matrimonio, los jóvenes gozasen de una cierta indulgencia paterna, se asociasen en los *collegia juvenum,* y practicasen deportes, esgrima, caza y otras actividades grupales. Para los jóvenes romanos, pubertad e iniciación sexual eran prácticamente sinónimos, mientras que para las jóvenes, su virginidad tenía un carácter casi sagrado.

Hasta que el padre no moría, el hijo no podía convertirse en *paterfamilias* ni tener un patrimonio propio. Hasta ese momento, el padre le asignaba un *peculium* (una cantidad fija) y el hijo —o la hija si no estaba casada o divorciada— continuaba bajo su autoridad (la famosa *patria potestas*). El padre podía incluso condenarlos a muerte en sentencia privada. Los únicos romanos plenamente libres eran aquellos varones que, huérfanos de padre, podían constituirse en *paterfamilias* y tener un patrimonio propio. Las mujeres eran eternas menores, siempre bajo la tutela de algún varón.

La juventud romana

Niños con oca, mosaico romano.
Museo de los Mosaicos (Estambul).

En los orígenes de Roma nos encontramos con dos gemelos míticos, Rómulo y Remo, de los que ya hemos hablado en el capítulo anterior. Los hermanos son dos jóvenes que deciden fundar una ciudad con el apoyo de camaradas de su edad, que eran, a su vez, jóvenes del sexo masculino. La vinculación de Roma y los *juvenes* está, pues, establecida con claridad por la lectura del mito fundacional.

Autores como Plutarco precisan más: Numitor, el rey de Alba y abuelo de los gemelos, habría visto con muy buenos ojos esta decisión de sus nietos por varias razones, entre ellas: aligerar el número de habitantes de Alba –que había experimentado un notable crecimiento– y, sobre todo, deshacerse de la fratría que acompañaba a los gemelos, compuesta por muchachos de más que dudosa reputación (rebeldes, esclavos, conspiradores, fugitivos...).

Gracias al derecho de asilo que garantizó la acogida de todos estos jóvenes y al rapto de las Sabinas –que fue idea de Rómulo–, la nueva ciudad pudo sobrevivir y crecer en número de habitantes.

Roma es pues obra de la decisión de dos jóvenes que representan, por su nacimiento y su educación, todo lo que está del lado de la naturaleza, la antítesis del mundo ordenado de la ciudad, de la *urbs*.

Son descendientes por vía materna de la familia Silvia (*silva*, 'selva' o 'bosque'); es el mundo del dios Fauno, que reina en los espacios no domésticos. Su infancia y su juventud transcurren en el campo con los rebaños, las correrías salvajes por los montes, la caza que les apasiona.

Los jóvenes romanos de todas las épocas sentirán este amor por todas las actividades venatorias: tanto por la caza en sentido estricto *(venationes)*, como por los «espectáculos de jóvenes» del circo (combates con animales salvajes).

Las costumbres –bastante feroces y provocadoras– de Rómulo, Remo y su banda de jóvenes acompañantes no son muy distintas de lo que luego serán las diversiones de la juventud romana.

Uno de los episodios de la vida de los gemelos, en el que Remo toma la delantera a su hermano Rómulo a la hora de resarcirse del robo de una res de ganado que habían perpetrado, dará lugar a una de las festividades y uno de los rituales más singulares de Roma: las *Lupercalia.* Una vez al año, el 15 de febrero, día de la fiesta citada, los *luperci* –dos jóvenes caballeros *(equites)*–, desnudos, corrían por el Palatino con una piel de cabra atada a sus riñones y otra en la mano, a modo de fusta, con la que golpeaban en la espalda y las palmas de las manos a todos aquellos que encontraban a su paso; especialmente, a las mujeres. Las cabras que proporcionaban las pieles habían sido previamente sacrificadas en la cueva Lupercal, donde el relato mitológico situaba a la loba *(lupa)* que había amamantado a los gemelos. Los jóvenes *luperci* el día de las *Lupercalia* reproducían las correrías de Rómulo y Remo para recuperar su ganado, recordando el estilo de vida natural, previo a las normas de la civilización urbana. Las *Lupercalia* también eran un ritual de fecundidad: aquellas mujeres que eran golpeadas con la piel de cabra debían de vencer la esterilidad y concebir hijos.

La naturaleza un tanto salvaje de la juventud –especialmente la de los nobles– era domesticada con la disciplina militar y, también, con la pertenencia a asociaciones de jóvenes que tuvieron un gran desarrollo en la época de Augusto, quien vio en ellas una manera de implicar a la juventud en la reforma moral –de la que trataremos en el capítulo 6– que pretendía para toda la sociedad.

Escena de cacería, detalle del mosaico de las Estaciones de Dafne *(s. IV). Museo del Louvre (París).*

El matrimonio

El matrimonio en Roma era un acto privado que ningún poder público sancionaba. No se precisaba intervención de ninguna autoridad civil o religiosa. En caso de litigio por una herencia, el juez decidía, por indicios, si un hombre y una mujer estaban casados en *justas bodas.* La ceremonia no dejaba, necesariamente, documento escrito. Con todo, las llamadas *justas bodas* tenían indudables efectos jurídicos: los hijos engendrados eran legítimos, tomaban el nombre del padre, continuaban la línea de descendencia y eran los herederos del patrimonio.

Sin embargo, aunque la ceremonia no era necesaria para la constitución del vínculo jurídico entre los esposos, la tradición y el carácter sagrado que conllevaba la convertían en un acontecimiento importante.

Se elegía cuidadosamente la fecha, evitando los días y los meses de malos augurios. La noche antes, la esposa consagraba a una divinidad los juguetes de su infancia. Iba vestida con la *tunica recta* (traje nupcial), que se ceñía con un *cingulum* (cinturón) anudado de forma típica y que era desatado por el novio la noche de la boda, y con un *flammeum* (velo rojizo). Se adornaban las habitaciones de la casa del novio y de la novia con flores, guirnaldas, tapices, etc.

La ceremonia se iniciaba con los auspicios, para conocer la voluntad de los dioses. Después, en ciertas casas, en las que poseían patrimonio, se procedía a la firma del contrato o *tabulae nuptiales,* donde se estipulaba la dote. A continuación, la *pronuba,* una matrona que hacía las veces de madrina, unía las manos derechas de los cónyuges, poniendo una sobre otra. Cumplidos estos requisitos, se celebraba la cena nupcial en casa de la novia. Tras el banquete, hacia el anochecer, comenzaba la ceremonia del acompañamiento de la esposa a casa del esposo, la *deductio,* que era una reproducción ritual del episodio mitológico del rapto de las Sabinas. La novia se echaba en los brazos protectores de su madre y el novio la arrancaba de ellos violentamente.

La ceremonia

La ceremonia de la *dextrorum coniunctio*, unión de las manos de los cónyuges por la que se sellaba el contrato matrimonial en prueba de lealtad y respeto mutuo, era el momento más solemne del ritual de la boda. Cuando el matrimonio se celebraba por *confarreatio* (ceremonia religiosa de origen arcaico), se requería la presencia del *Pontifex* y del *Flamen Dialis*, sacerdote mayor de Júpiter. Se hacía sentar a los esposos, con las cabezas tapadas, sobre dos sillas cubiertas con la piel de una víctima sacrificada. Luego daban la vuelta al altar y comían un pan de trigo.

El matrimonio en la sociedad romana adquirió dos formas. En la más antigua, la mujer entraba a formar parte de la familia del marido y quedaba bajo su poder marital, prácticamente en las mismas condiciones que los hijos para todo lo relacionado con los derechos familiares y sucesorios. El otro tipo de matrimonio era el libre; en él, la mujer continuaba perteneciendo a la familia paterna, sujeta a la *potestas* de su propio padre y conservando los derechos de la familia de origen. Este segundo tipo era más normal que el antiguo y se disolvía con facilidad; bastaba, por ejemplo, que el marido enviase a la mujer una nota diciéndole «coge lo tuyo y vete».

Pareja romana. Museo Arqueológico de Nápoles.

Se fingían lágrimas y lamentos. En seguida se disponía el cortejo hacia la casa del novio, que se adelantaba para recibir a la novia a la puerta; esta avanzaba llevando el huso y la rueca, símbolos de su futura actividad doméstica, e iba acompañada de tres jóvenes que tuviesen vivos a su padre y a su madre. Seguía una muchedumbre emitiendo un grito nupcial, el *talasse.*

Las *justas bodas* estaban reservadas para los hombres libres. Los esclavos no tenían derecho al matrimonio (se entiende que vivían en estado de promiscuidad sexual), excepto un sector de ellos, privilegiado, que desempeñaba cargos de responsabilidad en las casas patricias y en la administración imperial, y que vivía en estado de concubinato.

Mujer romana. Detalle del fresco El castigo de Eros *(s. I). Museo Nacional de San Marino (Nápoles).*

El divorcio era fácil y cómodo, desde el punto de vista jurídico, tanto para la mujer como para el marido: bastaba que uno de ellos abandonase el hogar con la intención de divorciarse. La esposa, divorciada por mutuo consentimiento o repudiada, abandonaba el domicilio conyugal llevándose su dote. Parece que los hijos permanecían siempre con el padre.

Sin embargo, la escasa institucionalización del matrimonio o *justas bodas* o la relativa facilidad de disolución del vínculo no deben hacernos pensar que los romanos concedían poca importancia a la institución familiar, o que veían con buenos ojos los divorcios.

Socialmente, la mujer con un solo marido *(univira)* era mejor considerada que aquella que había compartido varios esposos.

Del mismo modo, el concubinato estaba mal visto y considerado un estado propio de esclavos o de libertos. La tradición republicana, donde la familia era base indiscutible de la sociedad patricia, perdurará en el Imperio. Incluso en las épocas de costumbres más relajadas, los filósofos, los moralistas y los padres de la patria abogaban por la estabilidad del vínculo matrimonial.

La mujer romana

Las mujeres siempre estaban bajo la tutela de un varón: el padre, el esposo, un hermano e incluso un tío. Así, los romanos tenían por costumbre dar marido a las hijas cuando estas eran aún muy jóvenes, lo que imponía a las muchachas una vida retirada cuando llegaban a la edad adulta. La unión de los jóvenes dependía casi exclusivamente de los padres.

No obstante, la mujer libre romana tenía algunos derechos: era igual a los hombres ante la herencia y poseía su dote, a la que raras veces renunciaba. Las mujeres de familia rica gozaban de cierta libertad de movimientos: acudían a banquetes con sus maridos, se paseaban por la ciudad de compras, iban a visitar a sus amigas, y algunas de ellas influirían en la política de Roma, aunque siempre a través de algún varón.

La única esfera de la actividad pública en la que las mujeres romanas podían participar era la religión, y algunas de ellas nos son conocidas como sacerdotisas de algún culto. De todo el resto de las actividades cívicas (la guerra, la política y la ley), las mujeres estaban excluidas. Ninguna voz se alzó para que tuvieran derecho al voto, del mismo modo que a nadie se le ocurría que los esclavos pudieran ser libres. El estatus político de las mujeres y de los esclavos fue, en este sentido, similar. Los autores clásicos nos transmiten, con alguna excepción, la imagen de una mujer dedicada a las virtudes domésticas.

2. Libertos, esclavos y clientes

La emancipación de esclavos

La casa romana —la de las clases acomodadas— estaba compuesta por el *paterfamilias,* la mujer casada en *justas bodas,* dos o tres hijos e hijas, los esclavos domésticos, los libertos —antiguos esclavos manumitidos o emancipados— y algunas decenas de hombres libres, los fieles o clientes, que cada madrugada desfilaban ante la antecámara de su protector o patrón, para hacerle una rápida *salutatio* (visita de homenaje).

El fenómeno sociológico de los libertos y de los emancipados era una de las peculiaridades más interesantes de la familia y de la sociedad romanas.

Cabe preguntarse por qué un amo liberaba a sus esclavos. Había tres situaciones favorables para ello: cuando el esclavo moría para que tuviese sepultura de hombre libre; a la muerte de su amo, que en el testamento liberaba a muchos de sus esclavos domésticos como prueba de su generosidad; también, los esclavos eran capaces de rescatar su libertad comprándola, ya que después de haber pasado años haciendo de intermediarios del amo en sus negocios habían acumulado algunos beneficios. Normalmente, cuando eran liberados por testamento, se les dejaba alguna propiedad o patrimonio económico.

Muchos emancipados permanecían en la casa haciendo las mismas funciones, aunque con mayor dignidad. Esta capacidad de emancipar y de rescatar la libertad daba lugar a gran variedad de situaciones complejas: padres esclavos comprados por sus hijos libertos; hijos esclavos comprados por sus padres libres; bastardos manumitidos por sus amos, que a su vez son sus padres, etc.

Todos los libertos conservaban los lazos de fidelidad a sus casas originarias; de lo contrario, hubieran sido considerados libertos ingratos. Este vínculo podía ser de carácter económico (servicios diversos) o jurídico (derecho del amo sobre una herencia, por ejemplo).

Los esclavos

Los esclavos no podían defenderse de los malos tratos del dueño, ni tener bienes propios ni contraer matrimonio. En algunas épocas, se les permitió tener un *peculium*, pequeña cantidad de dinero que podían ahorrar para sus gastos o para llegar a comprar su libertad. También se les consintió escoger entre las esclavas una compañera y vivir en una especie de «matrimonio servil», llamado *contubernium*, aunque los hijos habidos en él eran esclavos. En el siglo II, el emperador Adriano (en la imagen) quitó al patrón el derecho a disponer de la vida de los esclavos.

Clientes y libertos

Los patricios necesitaban el respaldo de los ciudadanos para salir vencedores en las elecciones a las magistraturas y cargos religiosos. De este modo apareció la **clientela**, formada por individuos libres y ricos en la mayoría de los casos que, a cambio de la defensa de sus intereses, les debían apoyo durante las elecciones. Patricio y cliente quedaban ligados por el *ius patronatus*, derecho que regulaba la protección y la ayuda mutua que se debían.

Los **libertos** intentaban imitar a las clases altas, convirtiéndose en una especie de «nuevos ricos», con una posición económica desahogada, pero sin capacidad para codearse con los «aristócratas» por su falta de educación. En el siglo VI, el emperador Justiniano los declaró ciudadanos sin distinción alguna.

Los clientes

La misma situación de agradecimiento, de obsequiosidad, tenían los clientes con respecto a sus patrones. Pero ¿quiénes eran los clientes? Eran hombres libres que rendían homenaje al padre de familia. Podían ser ricos o pobres; a veces, incluso más ricos que su patrón.

Se podían distinguir cuatro clases: los que querían hacer una carrera pública y contaban con el apoyo del patrón; los hombres de negocios, que estaban favorecidos por la influencia política del patrón; los intelectuales (poetas, filósofos), que para vivir contaban con la limosna de este; y aquellos que aspiraban a heredar, aunque perteneciesen a una capa social similar a la del patrón.

La *salutatio* matinal era un rito, y faltar a él hubiera sido traicionar el vínculo de las clientelas. Se ponían vestidos de ceremonia *(toga)* y cada visitante recibía simbólicamente una especie de propina *(sportula)*, que a los pobres les permitía comer. Los clientes eran admitidos en la antecámara del patrón según una jerarquía rígida, y este tenía una gran autoridad moral sobre ellos.

La casa, la familia, impartía sobre todos sus miembros un gran peso, y a través de ellos se ejercía el poder social y el político. También se ejercía a través de la autoridad del jefe de la familia una influencia importante. De esta forma, estar ligado a un «patrón» notable era la manera de participar en el gobierno de la ciudad.

No hay que olvidar que en el mundo romano los notables constituían el Senado y los Consejos de la red de ciudades del Imperio, y a través de ellos sus «clientes» compartían el poder político y participaban de su prestancia social.

De esta manera se fue tejiendo una complicada red de influencias políticas, sociales y económicas. Muchos notables se proponían tener su red de clientes en una ciudad determinada, de forma que pudieran influir en el poder político y en el gobierno de esta.

Los libertos

Este grupo social llegó a ser con el tiempo extraordinariamente importante desde el punto de vista económico. En las ciudades, los libertos eran comerciantes, artesanos o tenían a su cargo negocios. Un sector de ellos también hizo carrera en el funcionariado, al servicio de la poderosa maquinaria del Estado romano. Algunos amasaron importantes fortunas, a veces superiores a las de los clientes de su mismo patrón, situación que creaba tensiones y envidias dentro de la propia familia. Sufrían también la envidia de muchos hombres libres, porque disfrutaban de un nivel de vida superior al de ellos. Sin embargo, su origen esclavo era un estigma que les perseguía para siempre.

Sus costumbres eran a veces propias de su antigua condición de esclavos: por ejemplo, era normal que vivieran en concubinato, aunque podían contraer matrimonio en *justas bodas.* Tal vez este fenómeno se debía a que frecuentemente habían tenido los hijos cuando eran aún esclavos; por ello, los hijos pertenecían al patrón. Pero el verdadero tormento de los libertos era la incertidumbre sobre su verdadero lugar en la sociedad. Algunos de ellos llevaban un tren de vida de «nuevos ricos», pero no conseguían llegar a superar el estatus de «ciudadanos de prestado».

Los maestros de escuela

Los maestros de escuela romanos (*ludi magister*, ya que la escuela se llamaba *ludus*) eran de condición humilde, con frecuencia extranjeros y libertos. También los gramáticos, encargados de la enseñanza secundaria, procedían de la esclavitud. Era habitual que los maestros no pudiesen vivir de su salario y hubiesen de ocuparse de otras tareas, como redactar documentos, cartas, etc. Según el escritor Plutarco, el primer maestro que tuvo una «tienda de instrucción pagada» fue un liberto en el siglo III a. C., de donde se deduce que hasta entonces la instrucción fue gratuita.

Niño y maestro. Detalle de un sarcófago (s. II).

3 EL URBANISMO Y LA VIVIENDA

Roma formó a su alrededor un Imperio de enormes proporciones. La romanización de tantas tierras conquistadas tuvo su soporte principal en la red de miles de ciudades que constituían el Imperio.

Para saber cómo era la vida urbana en el mundo romano podemos acudir a los restos arqueológicos de ciudades tan bien conservadas como Pompeya, en Italia, o Timgad, en Argelia, pero esta no es la única fuente de información. Es muy posible que vivamos en una ciudad de origen romano y que podamos apreciar la planificación urbanística, modelo de funcionalidad y eficiencia. Los arquitectos romanos se preocuparon más de los aspectos prácticos, de mejorar la calidad de vida de los habitantes de las ciudades, que de la estética.

Ciudad romana de Itálica (Sevilla).

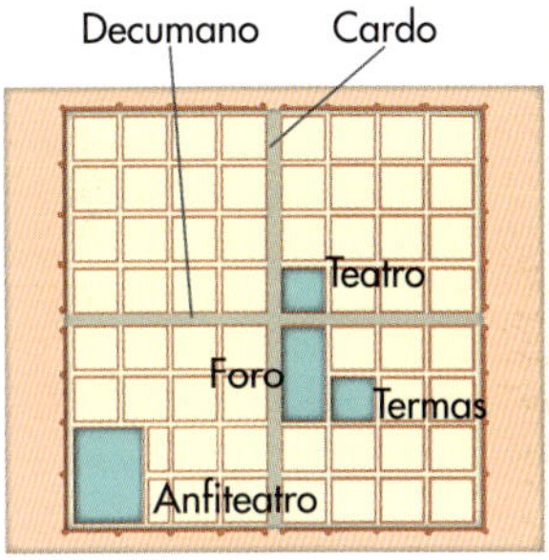

Plano ideal de una ciudad romana. Si el terreno lo permitía, toda la urbe formaba un rectángulo amurallado cuyas cuatro puertas se abrían al final de las dos vías principales. Las puertas de la muralla que rodeaba la ciudad estaban compuestas por tres vanos. Uno más grande en el centro para el paso de los carruajes y de los caballos, y dos más pequeños a los lados para los peatones. Se cerraban con puertas y rejas, ambas de madera pero recubiertas con planchas de bronce.

1. La planificación urbana

El plano que adoptaron los romanos para los nuevos asentamientos fue el de planta hipodámica (de Hipodamos, arquitecto griego). Este fue el modelo empleado en la construcción del *castrum* (campamento militar), recinto rectangular amurallado con dos avenidas centrales que se cruzaban y en cuya intersección se dejaba un amplio espacio vacío, el foro, donde los soldados se reunían diariamente para recibir órdenes. Eran pequeñas guarniciones temporales, de unas trescientas familias, destinadas a proteger algún lugar de valor estratégico, pero demasiado reducidas para llegar a la categoría de ciudad.

Con el tiempo, algunos de estos campamentos podían convertirse en asentamientos estables y crecer más allá de sus murallas.

En las ciudades planeadas desde el principio como autosuficientes solían fijarse de antemano sus dimensiones y el número de habitantes que podrían albergar. El modelo de plano que se seguía para su construcción era también el de la planta hipodámica.

Este tipo de ciudad se articulaba a partir de dos calles principales —una con dirección este-oeste *(decumanus)*, y otra con dirección norte-sur *(cardo)*—, que eran la referencia para un trazado posterior de calles paralelas y perpendiculares que dejaban entre sí manzanas regulares para edificar viviendas.

Gracias a la planificación podían situarse de una manera racional los edificios públicos y las construcciones de mayor envergadura, que servían tanto a las necesidades de la vida social y económica (templos, *curiae*, basílicas, bibliotecas y mercados), como de la higiene (baños y letrinas públicas).

Del mismo modo se creaba la infraestructura que garantizase servicios públicos como el abastecimiento de aguas (acueductos y fuentes) o el alcantarillado.

Los urbanistas romanos tuvieron también presente que la mayor parte de la vida pública se hacía al aire libre y pensaron en ciudades destinadas a los peatones. De ahí la relativa abundancia de espacios como jardines, plazas y calles porticadas con columnas, o la prohibición del tráfico rodado durante el día.

Pero la importancia de la planificación urbanística no debe hacernos imaginar ciudades idílicas. Por el contrario, muchas aglomeraciones urbanas, especialmente las de fundación anterior, carecían de toda clase de ordenamiento y eran un caos de callejas irregulares y casas hacinadas. La misma Roma, situada en un emplazamiento complejo, con colinas y con un río, sometida a un rápido crecimiento, era un conjunto anárquico en el que se mezclaban los grandes edificios políticos con las viviendas humildes.

Peligro urbano

No era fácil ser peatón en tiempos del Imperio Romano. Como describe Juvenal: «Considera desde qué altura se precipita un tiesto, para romperte la cabeza; lo frecuente que es el caso de que desciendan de las ventanas vasijas, rajadas o rotas. Eres, en verdad, un descuidado, un imprudente, si, cuando te invitan a cenar, acudes sin haber hecho testamento».

Además, las ciudades romanas eran tremendamente ruidosas, tanto de día como de noche, y los derrumbamientos e incendios, a causa de los edificios de madera y las lámparas de aceite, constituían un peligro frecuente pese al trabajo de brigadas de bomberos con mantas húmedas y bombas de mano.

El foro romano

El foro era el centro civil y religioso de la ciudad romana. Si la ciudad era de nueva fundación, el foro se encontraba en la convergencia de las dos principales avenidas que la recorrían de norte a sur y de este a oeste.

En él se encontraban los principales edificios públicos: la sede del gobierno y de la administración de justicia, los templos y el mercado. Se diseñó como un gran espacio rectangular porticado porque allí se desarrollaban muchos acontecimientos que concentraban a multitud de personas, como juegos públicos, representaciones teatrales o desfiles del ejército como este que aparece en la imagen.

Las calles

Las calles de las ciudades romanas tenían el pavimento empedrado, amplias aceras para los peatones y alcantarillas para el desagüe. Las aceras eran de mayor altura que la calzada para impedir que los vehículos las invadieran.

Cada cierto trecho la calzada estaba atravesada por una hilera discontinua de bloques de piedra para facilitar el cruce de los peatones cuando estas se inundaban a causa de lluvias torrenciales, y también para evitar que carros y carruajes alcanzasen demasiada velocidad.

No obstante, durante el día estaba prohibida la circulación de vehículos por las calles, excepto aquellos que transportaban material para la construcción de algún edificio.

El reparto de mercancías para el consumo de los habitantes se hacía por la noche o a primera hora de la mañana.

Calle de Pompeya, antigua ciudad romana de la región de Campania.

Prueba de que la planificación urbanística no recogía todos los detalles lo demuestra el hecho de que las calles no llevaban nombre y carecían de numeración. Ello suponía grandes dificultades para orientarse, especialmente en las ciudades importantes y en las que tenían un plano irregular.

Las pocas calles que tenían nombre eran tan largas que no se podía precisar un lugar con exactitud. De ahí que los romanos hubiesen de tomar otros puntos de referencia, como edificios públicos, estatuas, jardines o la casa de algún personaje importante, lo que convertía las indicaciones en largas y complicadas.

El modo más corriente de designar un lugar lo facilitaba el predominio de tiendas o actividades de una determinada clase, por ejemplo, la «calle de los orfebres» o la «plaza de las hierbas».

2. *Domus, insulae et villae*

Cuando la vida urbana está muy desarrollada en una civilización es porque esta ha alcanzado un grado de complejidad que se manifiesta en la variada oferta de actividades existentes en la sociedad, entre cuyos miembros hay diferencias socioeconómicas importantes. Uno de sus símbolos es la vivienda; por esta razón, hemos de pensar que entre los romanos no existió un único tipo de casa, sino que la diversidad fue grande, en función del estatus de cada cual.

Así encontramos desde las grandes y lujosas *villae* de los ricos, hasta los tugurios y *pergulae,* habitaciones de reducidas dimensiones donde se hacinaba la gente más pobre. Pese a ello, podemos resumir los modelos a dos, que en terminología más actual son la vivienda plurifamiliar o *insulae* y la unifamiliar o *domus.*

La *domus*

El modelo primitivo era de origen etrusco, de planta rectangular, donde podemos distinguir tres zonas: la entrada, un cuerpo central porticado abierto al aire y a la luz en su parte superior, y un pequeño huerto en su parte posterior. Carecía de vista exterior, ya que las ventanas eran escasas, pequeñas e irregulares. Solía tener una sola planta. Este tipo de vivienda fue evolucionando con el tiempo y, sobre todo tras el contacto con la cultura griega, se amplió, ganó en altura y tomó su forma definitiva.

Los ejemplos mejor conservados los encontramos en Pompeya, donde la *domus* era la residencia de los ciudadanos ricos que la ocupaban con su familia, si bien había casos en los que varias familias adquirían una casa y se repartían el espacio.

En estas casas se entraba por el *vestibulum* (corredor) hasta la puerta, tras la cual el pasillo continuaba hasta el *atrium,* que era el centro de la casa. Se trataba de un gran espacio vacío, a modo de patio interior, con una abertura en el techo, llamada *compluvium,* que se correspondía en el suelo con una pila rectangular, o *impluvium,* destinada a recoger el agua de la lluvia, que pasaba a una cisterna subterránea.

En origen, el atrio era el lugar donde ardía el fuego y la familia trabajaba, comía y dormía. Después, alrededor del atrio se abrieron habitaciones con funciones específicas: alcobas para dormir, cocina, comedor, pequeñas estancias para guardar las imágenes de los antepasados y el *tablinum,* habitación grande ubicada en la parte del atrio situada frente a la puerta, destinada al dueño de la casa.

La *domus* romana también se amplió en su parte posterior, hacia la que se desplazó la vida familiar. Era el *peristylum,* jardín rodeado de un pórtico, a veces de dos plantas de altura, sostenido por columnas y que también estaba rodeado de habitaciones. Si la casa era muy grande, podía tener dos peristilos.

Las dependencias de servicio no tenían un lugar fijo y se situaban donde quedaban espacios libres. La cocina solía ser muy pequeña y carecía de chimenea para la salida de humos. Próximos a la cocina estaban los retretes y el baño.

Las únicas estancias que se abrían a la calle eran las *tabernae,* habitaciones que el dueño de la casa alquilaba como tienda o en las que él mismo vendía los productos de sus tierras u otras mercancías. Había un mostrador de albañilería en la entrada y en la parte posterior una o dos trastiendas. A veces tenían una planta superior, la *pergula* (galería), que servía de almacén o de vivienda para gente muy pobre.

Domus de los pájaros (s. II). Ciudad romana de Itálica (Sevilla).

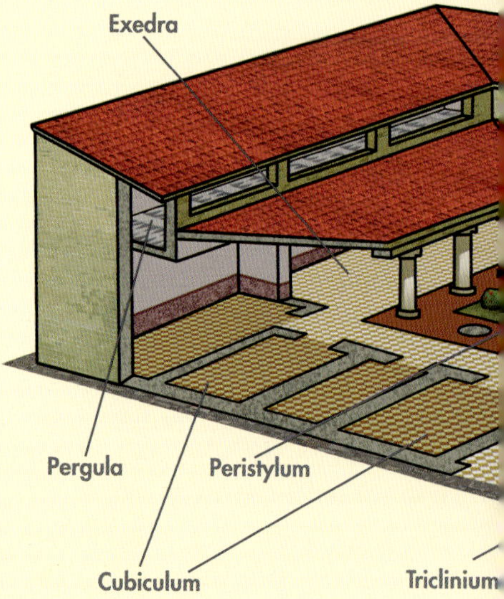

Reconstrucción ideal de una domus *romana.*

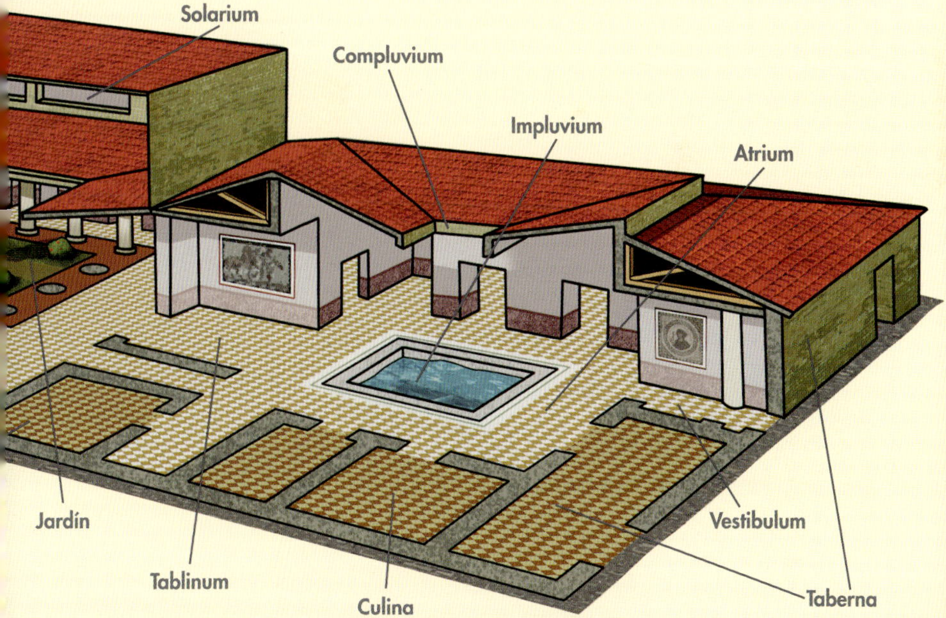
Solarium
Compluvium
Impluvium
Atrium
Jardín
Tablinum
Culina
Vestibulum
Taberna

Las *insulae*

Los orígenes de las *insulae* están en la superpoblación, en la falta de espacio y en las duras condiciones económicas de la vida en la ciudad de Roma.

Eran bloques de viviendas rodeados de calles, como las manzanas actuales, de hasta cinco plantas, con ventanas y balcones al exterior, y un patio interior cuya función era la misma que la del atrio de la *domus:* permitir que la luz natural llegase a las habitaciones interiores.

Las viviendas, de tamaño reducido, no tenían características especiales en cuanto a distribución o estructura. Sus ocupantes las utilizaban según las necesidades familiares. En muchos casos, constituían un auténtico laberinto, pues los inquilinos tenían que atravesar otros departamentos para acceder al suyo.

Estos edificios, cuyo aspecto exterior podía ser espléndido, eran poco confortables. Algunas *insulae* tenían agua corriente y estaban conectadas al alcantarillado de la calle, lo cual les permitía tener retrete, pero no era lo habitual. La mayoría de los inquilinos de estas viviendas tenían que utilizar los retretes públicos que había en varios puntos de la ciudad.

La mala calidad de los materiales de construcción (primero, de adobe y, después, de ladrillo cocido, pero con todo el entramado de vigas de madera) hacía que los incendios o los hundimientos fuesen frecuentes.

La mayoría eran de alquiler, y en ellas vivían las clases populares en condiciones bastante deficientes. La falta de espacio y de servicios hacía que por la noche se lanzasen por la ventana basuras y residuos de todas clases, con grave peligro para el peatón.

En la parte inferior, en general, se instalaban tiendas y talleres con acceso a la calle.

Reconstrucción ideal de una insula *romana.*

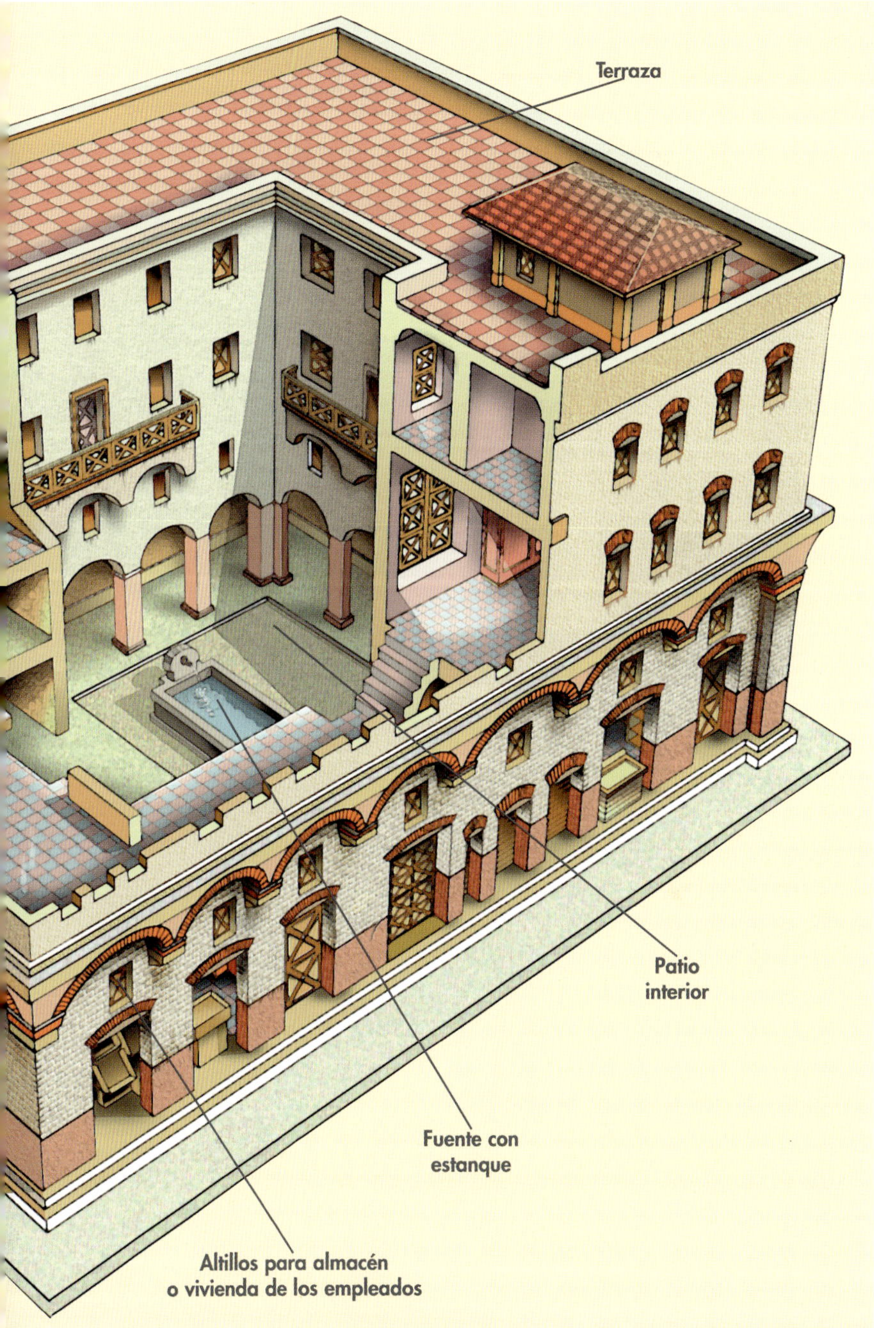
Terraza
Patio
interior
Fuente con
estanque
Altillos para almacén
o vivienda de los empleados

Las *villae*

Las villas romanas eran a la vez residencias campestres y granjas productivas. Estaban situadas en el campo o a las afueras de la ciudad, en medio de los campos de labranza. Sus dimensiones y características dependían de la riqueza de sus propietarios. La planta y la distribución interior de las villas era semejante a la de la *domus*, aunque con mayor número de dependencias y con construcciones anexas para el almacenaje de su producción y para dar cabida a todas las personas que trabajaban en ellas. Solían estar fuertemente protegidas por muros circundantes.

Vivienda del propietario
Vivienda de los esclavos
Bodega
Panadería

3. Mobiliario y decoración

En las casas romanas no había tantos muebles como en las nuestras. Se limitaban a los objetos más indispensables y empleaban, junto a las arcas y los armarios, hornacinas y pequeñas habitaciones para guardar libros, vestidos y utensilios.

La cama servía a los romanos no solo para dormir, sino también como sofá y para comer recostados. Las mesas y los asientos eran muy variados en su forma y estructura, y estaban elaborados de diferentes materiales.

La cocina de las casas romanas era por lo general muy pequeña en relación con el resto de las dependencias. Aunque no había un sitio fijo para ella, normalmente se encontraba en la parte trasera del atrio. Constaba de un banco de ladrillo sobre el que se hacía el fuego, que servía para guisar con cazuelas sobre trípodes o en parrillas. Bajo este banco había un hueco donde se almacenaba la leña. Al no tener chimenea, el humo salía por la ventana. El resto de la cocina consistía en un fregadero, mesas y alguna silla. Los utensilios eran de barro y bronce.

Para alumbrar las casas, los romanos se servían de antorchas, velas, candelabros y lámparas de aceite, hechas de barro o bronce que algunas veces eran colocadas sobre pedestales. Dado que emitían poca luz, se requerían muchas para iluminar una estancia. Para alumbrar el atrio y la parte exterior de las viviendas se utilizaban farolas colgantes o antorchas. Las farolas solían ser de bronce con los laterales transparentes de vidrio, alabastro u otras piedras translúcidas, como el espejuelo. Las habitaciones se calentaban por medio de estufas portátiles de bronce o braseros fijos. Sin embargo, se pasaba mucho frío.

Las lucernas eran lamparillas de aceite, generalmente hechas de terracota y decoradas. La de la imagen es del s. I y fue encontrada en la Casa de Terraza (Éfeso, Turquía).

El suelo estaba cubierto en algunas partes por mosaicos cuyos motivos decorativos, a veces, hacían referencia al uso de la habitación donde se encontraban.

Las paredes solían estar decoradas con pinturas o cortinajes, más o menos lujosos y llamativos según la dependencia de la casa y el estatus social de sus propietarios.

Fresco de Las tres Gracias, *que decoraba la casa de Tito Dentatio Panthera, en Pompeya.*

4. LOS INGENIEROS ROMANOS

El acueducto de Segovia (ss. I-II) es la obra de ingeniería civil romana más importante de España.

En Roma, las profesiones de ingeniero (civil y militar) y arquitecto no estaban claramente diferenciadas. El «oficio» contaba más que el título. En algunas épocas, los ingenieros militares fueron, por su experiencia, los más cualificados. Las grandes obras de ingeniería fueron señas muy marcadas de la identidad de la civilización romana. Vías, puentes, acueductos, canalizaciones, murallas e instalaciones defensivas y puertos cubrieron el mapa del Imperio, y su excelente factura constructiva y funcional permitió que fueran usados durante siglos y siglos. Todavía se conservan muchos vestigios que forman parte del patrimonio arqueológico de la Europa romanizada.

1. Materiales de construcción

Los romanos utilizaban como principales materiales para la construcción la piedra, la arcilla, la argamasa y la madera.

Una vez extraídos los grandes bloques de piedra de las canteras, que por lo general eran propiedad del Estado, los obreros la trabajaban hasta conseguir bloques a escuadra, y a continuación la pulían. Si la piedra era blanda, podía ser cortada con una sierra; cuando era dura, se practicaba con el taladro una línea de agujeros en los que se introducían estacas de madera que, al mojarlas con abundancia, se dilataban y rompían la piedra por el lugar deseado. Una vez partido el gran bloque en otros más pequeños, se les daba la forma final con el escoplo y el martillo.

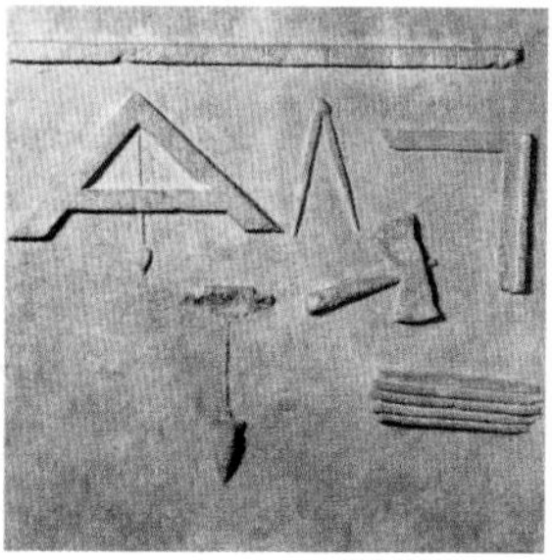

Instrumentos de medida. Detalle de la tumba de Lucius Alfius Statius. Museo Arqueológico (Aquileia, Italia).

La arcilla la utilizaban para fabricar ladrillos y tejas, para lo que empleaban moldes de madera. Tras conseguir la forma deseada, extraían las piezas de los moldes y las ponían a secar al sol antes de cocerlas en el horno. Todas las piezas llevaban la marca del propietario de la fábrica y, a veces, la del emperador.

La argamasa (mezcla de arena, cal y agua, que también recibe el nombre de mortero) servía para unir entre sí los ladrillos y los bloques de piedra.

La madera se utilizaba, además de para los trabajos de carpintería, para construir el esqueleto de los edificios y el armazón de los tejados.

Recubrían los edificios con yeso, mármol y mosaico.

2. Máquinas y herramientas constructivas

En los trabajos de construcción, los obreros usaban gran cantidad de herramientas.

Para cortar la piedra, además de la sierra, el martillo y el escoplo, empleaban el compás, la escuadra, la vara de medir, el pico y el taladro.

En los trabajos de la madera, los instrumentos más usuales eran el hacha, la barrena, la maza, la cuña, el cepillo y las tenazas.

La mayor parte de estas herramientas se fabricaban a pie de obra, en las herrerías y los talleres instalados allí para tal fin.

La construcción propiamente dicha requería elementos auxiliares más complejos, como la grúa y la polea, cuya estructura básica consistía en una rueda giratoria en torno a la cual se hacían pasar varias cuerdas. Con estas máquinas, los romanos conseguían levantar cargas muy pesadas.

La estructura de los andamiajes utilizados por los constructores romanos adquirió una perfección similar a la de nuestros días, aunque siempre fueran de madera.

La columna de Trajano

El emperador Trajano edificó la columna que lleva su nombre entre los años 106 y 113, para celebrar el triunfo de la campaña que se libró contra los dacios (habitantes de lo que hoy denominamos Rumanía). La columna destaca por su gran altura (37,5 m) y por contener un relieve en disposición helicoidal que lo recorre desde la base hasta la cúspide.

El estilo narrativo es muy elocuente y tiene un doble significado: por un lado, relata la épica de la campaña, la superioridad de la civilización romana y la fuerza del ejército; pero, por otra, describe con atención y detalle los aspectos materiales del avance de las legiones desde que cruzan el Danubio hasta que finalizan la campaña y las guerras dacias.

Según el historiador del arte H. W. Janson en su obra *Historia general del arte (Mundo Antiguo):* «Por el número de figuras y la densidad del relato nuestro relieve es la composición más ambiciosa del género realizada hasta entonces en el mundo antiguo. Es también la más decepcionante, ya que el espectador se ve forzado a describir círculos como caballo de circo si quiere seguir el hilo de la narración. A la cuarta o quinta vuelta acaba siendo derrotado por la riqueza de los detalles».

Si seguimos la descripción que nos da este autor, podemos observar que en el centro de la banda inferior está una divinidad fluvial que personaliza el Danubio. A la derecha, el ejército romano cruza el río por una obra de ingeniería militar: un puente de pontones (o puente flotante), que se ha construido a tal efecto.

La segunda banda nos deja ver a Trajano arengando al ejército y, de nuevo, un tema constructivo: la erección de fortificaciones.

La tercera también incide en la importancia de los ingenieros para el ejército y el poder militar de Roma porque representa la construcción de un campamento y el tendido de un puente, mientras la caballería romana parte en misión de reconocimiento.

Columna de Trajano (s. II) en Roma. En ella se pueden apreciar los relieves de la campaña contra los dacios.

Estas escenas representan una muestra de lo que contienen los diversos episodios (más de 150) de la columna trajana: la lucha se representa pocas veces, mientras que lo que realmente se quiere mostrar son los aspectos geográficos, logísticos y políticos de la campaña.

La columna es, pues, una pieza muy destacada del género del relieve histórico, que constituyó una de las aportaciones más genuinas del arte escultórico romano.

Destacan en ella, además del realismo y los detalles minuciosos, la eficacia narrativa que enlaza la continuidad del relato bélico con el respeto al tratamiento y la coherencia interior de cada uno de los episodios narrados.

3. Vías de comunicación y defensas militares

La malla de ciudades que constituían el Imperio Romano estaba bien comunicada por medio de vías terrestres conocidas con el nombre de *calzadas*. Su excelente trazado y su sólida construcción las han hecho pervivir en parte hasta nuestros días.

El papel de las calzadas como nexo de unión cultural, comercial, militar y político fue fundamental para el desarrollo histórico del Imperio, porque permitieron una rápida circulación de mercancías y de tropas desconocida hasta entonces.

Construían las calzadas excavando una zanja del ancho deseado, que rellenaban con varias capas de piedras de diferente tamaño, para conseguir la solidez necesaria, hasta nivelar el terreno. Recubrían las últimas capas con piedras planas que procuraban encajar al máximo, para lograr un firme estable y plano.

También las ciudades —según hemos visto— tenían calles pavimentadas, con aceras laterales ligeramente elevadas.

Todas las ciudades estaban defendidas por murallas que discurrían por los límites fundacionales establecidos por el sacerdote con la ayuda de un arado. Las murallas romanas, antecedente de las medievales, constaban de un doble muro de sillares separado por un amplio espacio, denominado adarve, que se rellenaba con piedras y tierra y que constituía una vía de circulación para la ronda de vigilancia y para la distribución de los defensores de la ciudad.

Para reforzar la seguridad de la muralla y evitar el acceso subterráneo a la ciudad, el muro exterior se prolongaba varios metros bajo tierra, y la parte superior era protegida con almenas.

A ambos lados de las puertas de entrada de la ciudad se levantaban sendos torreones de altura considerable, y a lo largo del perímetro de la muralla se construían torres vigías.

Construcción de calzadas

Las calzadas romanas constituyen una magnífica muestra de ingeniería civil. Debían tener una estructura de más de un metro de profundidad, dividida en cuatro capas: *pavimentum*, *nucleus*, *rudus* y *statumen* (de arriba abajo). Las calzadas más primitivas se hacían simplemente con grandes bloques de piedra que se mantenían en su sitio gracias a su propio peso. La técnica se fue perfeccionando y, gracias a ello, muchas de ellas se han conservado hasta nuestros días, como la Vía Flaminia, que unía Roma con Rímini.

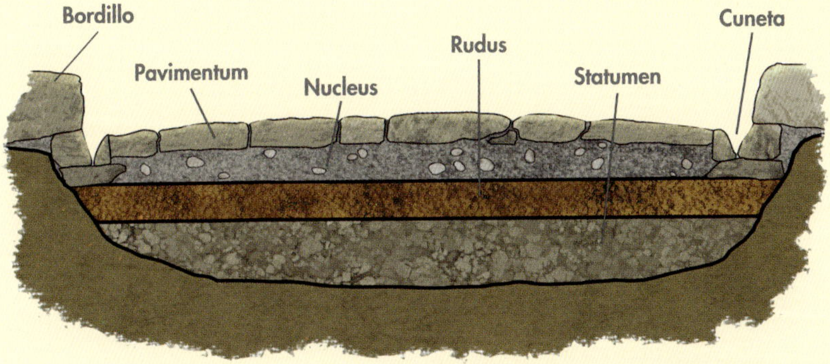

Los romanos medían la longitud de las calzadas mediante un artefacto llamado *odómetro*, que hacía caer una piedra redonda en un recipiente metálico por cada milla (la milla romana tenía cinco mil pies; en total, 1480 metros). El carro estaba dotado de ruedas especiales cuyo diámetro era de cuatro pies (un pie = 0,296 m). Una milla romana se completaba cada 400 revoluciones de la rueda de una circunferencia aproximada de 3,7 metros.

Para trazar el recorrido de las calzadas y de las calles, los agrimensores utilizaban un instrumento llamado *groma*, que consistía en un soporte de algo más de un metro de alto, en cuyo extremo superior llevaba una cruz de la que colgaban cuatro plomadas. Cuando estas se encontraban paralelas a la barra central, indicaba que la *groma* era perpendicular con respecto al terreno, y así se podían trazar calles perpendiculares.

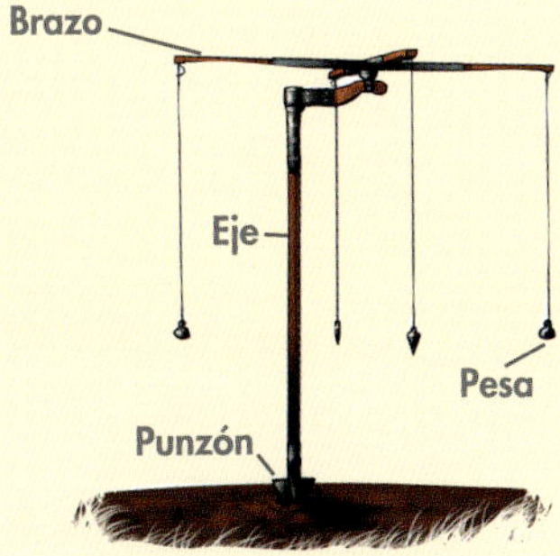

Los arcos

Los romanos fueron los primeros en usar el sistema de arcos. La construcción de un puente solo podía realizarse bajo la dirección de auténticos expertos que fijasen el radio de cada arco e incluso la posición de cada piedra. Tras construir los pilares, se realizaba un armazón en madera *(cimbra)*, que debía soportar el peso del arco.

4. Acueductos, puentes y cloacas

Una de las obras más características de la ingeniería romana fue el acueducto, hallazgo técnico que sirvió para solucionar el problema del abastecimiento de agua a las ciudades.

Su función era transportar el agua desde los manantiales o embalses, situados generalmente en lugares más altos, hasta la ciudad, donde se canalizaba el agua y se distribuía por medio de tuberías de plomo hasta las fuentes. La estructura del acueducto consistía en un canal *(specu)*, por donde discurría el agua, elevado sobre gruesos pilares unidos entre sí mediante arcos de medio punto.

Algunas veces, cuando el terreno lo exigía, construían varias hileras de pilares y arcos superpuestos, lo que producía un perfil arquitectónico de gran belleza. Dado que el agua tenía que discurrir constantemente, el acueducto era construido con una ligera pendiente de principio a fin.

La solidez de esta construcción, algunas veces muy extensa, requería unos cimientos profundos, gruesos y bien anclados en el suelo.

La utilización del arco y la bóveda como soluciones arquitectónicas aparece también en otra clase de obra de ingeniería: los puentes. Estos elementos arquitectónicos les permitieron salvar largas distancias uniendo los extremos opuestos de los valles y las orillas de los ríos. En realidad, puentes y acueductos planteaban el mismo problema: construir arcos de piedra estables y resistentes.

En el subsuelo de las ciudades romanas se podían encontrar igualmente importantes obras de ingeniería, como las cloacas, que recibían las aguas residuales vertidas a través del alcantarillado de la ciudad. Eran túneles subterráneos con la suficiente amplitud y altura como para que un hombre pudiese caminar erguido por su interior. Las cloacas desembocaban en el río más próximo, y en su extremo final se colocaba una reja para impedir el acceso a la ciudad.

Puente romano de Alcántara (Cáceres). La obra se debe al arquitecto Julio Cayo Lácer, si bien su construcción se hizo en tres fases: el puente y el templo, entre los años 75 y 85; los contrafuertes, entre el 85 y el 105; el arco honorífico, entre el 103 y el 106.

5 EL VESTIDO Y EL PEINADO

Los restos arqueológicos y los testimonios escritos nos han transmitido una idea bastante clara de la indumentaria habitual entre los romanos. La primera conclusión que extraemos es que, al margen de la época, casi todos nos parecen vestidos de la misma manera. Esta es una impresión bastante acertada, pues, pese a su larga historia, no se produjeron cambios radicales ni frecuentes.
Esto no quiere decir que no existieran modas distintas según las épocas, ni tampoco que todos los romanos fuesen de uniforme, pero sí es cierto que, independientemente de la riqueza y la calidad de las telas o los adornos, se mantuvieron siempre unos rasgos comunes a todos los vestidos, tanto en los del rico como en los del pobre, en los del hombre como en los de la mujer.

Retrato de mujer de El Fayum (s. I). Museo de Arte Antiguo de Berlín.

1. El vestido masculino

Son numerosas las esculturas que nos muestran a los romanos ataviados con su traje nacional: la toga. En efecto, este era el vestido oficial que los ciudadanos llevaban cuando se mostraban en público. Consistía en una pieza de lana blanca, gruesa en invierno y fina en verano, de forma elíptica y muy complicada de poner, hasta el punto de necesitar la ayuda de un esclavo para hacerlo. Por esta complejidad, y a partir de la época imperial, fue sustituida, en ocasiones, por vestidos más prácticos que permitían más libertad de movimientos, como capas o capotes y mantos.

Senadores romanos con toga. Detalle de Apio Claudio, el ciego, entra en el Senado *(de Cesare Maccari, s. XIX).*

Las características de la toga eran un signo de distinción social y permitían identificar la función o el cargo de quien la vestía. Según los adornos que se le aplicaban, se llamaba *toga pura,* si no llevaba ninguno; *toga praetexta,* con una orla de púrpura (solían lucirla los sacerdotes y los magistrados, y también la vestían los jóvenes de familias nobles antes de casarse); *toga picta,* bordada en oro (la llevaban los cónsules); *toga purpurea,* la más solemne, totalmente de púrpura o con algo blanco, era parte de la indumentaria de los cónsules en actos importantes y, después, de los emperadores.

Vestirse con la toga era una operación muy complicada, debido a la complejidad de los pliegues y las vueltas que había que dar a un único trozo de tela. Según las bandas y los bordados se podían identificar la condición social y los méritos de su portador.

Las togas se confeccionaban con lana para los hombres, mientras que las mujeres preferían el lino. Para otras piezas de vestir, los romanos importaban seda y muselina, que se mezclaban con hilos de oro y plata.

El manto femenino era la *palla*. Colocada como un velo sobre la cabeza, era indicio de viudedad. A veces, sustituían la *palla* por el *supparum*, manto de tela ligera que llegaba hasta los pies. Utilizaban también el *peplo*, que era un manto rectangular que se sujetaba al hombro derecho con una *fíbula* (especie de broche).

Bajo la toga llevaban (hombres y mujeres) la túnica, de tejidos distintos según la época del año, ceñida por un cinturón y adornada con una banda, el *clavus,* que indicaba el orden al que pertenecía su portador (los senadores, más ancha que los caballeros). Larga hasta las rodillas, era la prenda que se vestía dentro de casa y en el trabajo. Si hacía frío, se colocaban varias o se cubrían con un manto. Los esclavos y la gente humilde no llevaban más que túnica, sin toga encima.

2. El vestido femenino

La ropa interior femenina consistía en una camisa y una *fascia pectoralis* para sostener el pecho. El vestido era una túnica que llegaba a los pies, tan estrecha de arriba como de abajo. Los tejidos más frecuentes eran la lana, el algodón, el lino y, más tarde, la seda.

Sobre la túnica llevaban la *stola,* vestido también largo, de colores variados, bordado en la orilla y sujeto por un cinturón adornado con joyas, un simple cordón o una cinta con bordados de colores. Por encima lucían un manto que cubría la espalda y, a veces, la cabeza.

Brazalete y anillo de oro, en forma de serpiente, hebilla de bronce y peine doble de hueso.

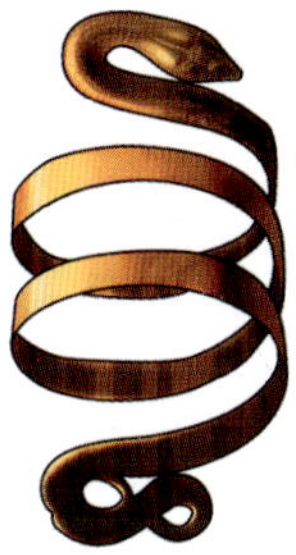

3. El calzado

No había diferencia entre el calzado del hombre y el de la mujer, salvo en la blandura de la piel y en la variedad de colores o de adornos. Los tipos de calzado eran tres: las sandalias, sujetas con tirillas de cuero entre los dedos y con cintas a las piernas; los zuecos, y los *calcei,* zapatos del ciudadano romano, con lengüeta y cordones, que cubrían el pie hasta el tobillo y eran complemento de la toga.

4. Los aderezos y los adornos

Las joyas, elaboradas con piedras y metales preciosos, fueron muy apreciadas por los romanos. El único ornamento varonil era el anillo, con forma de sello la mayoría de las veces. Durante la República solo llevaban uno, que utilizaban también como sello para firmar. En la época imperial fue frecuente añadir varios más, incluso con piedras preciosas, hasta cubrir en ocasiones todos los dedos de las manos.

Para las mujeres había una amplia gama de joyas y ornamentos, como hebillas, horquillas, anillos, brazaletes, pendientes, collares, pulseras, alfileres, broches, gargantillas y aros para los tobillos, en metales preciosos y con incrustaciones de pedrería de gran valor que las romanas gustaban de usar con profusión.

La indumentaria militar

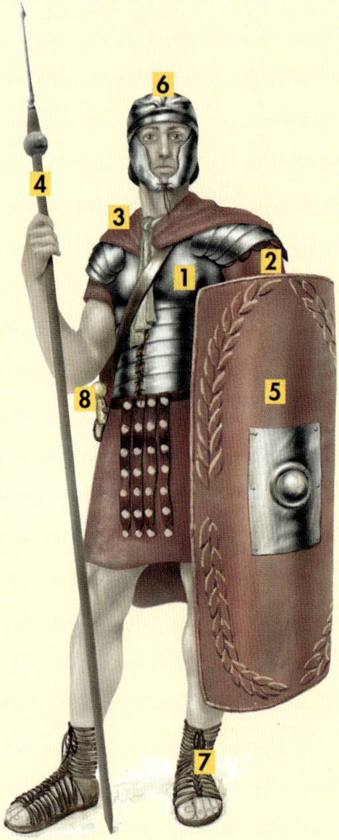

En el mundo antiguo, el ejército romano fue de los primeros que contó con un uniforme para todos sus efectivos, una indumentaria que, además, costeaba el propio estado. De este modo, hasta los más pobres podían acceder a la carrera militar.

El uniforme de los **legionarios** –la coraza (1)– estaba formado por una serie de correas de cuero recubiertas de hierro que formaban un peto o también una armadura de anillas *(lorica hamata)*, placas *(lorica segmentata)* o escamas *(lorica squamata)*, bajo la que colocaban una túnica corta de lana (2) y sobre la que disponían una capa (3).

Además, portaban una lanza larga o *pilum* (4); un escudo o *scutum* (5), rectangular u oval, y un casco o *galea* (6), que llevaba un penacho o un anillo en la parte superior para colgarlo del hombro durante las marchas.

Tras la conquista de la Galia, comenzaron a utilizar un pantalón, inspirado en los calzones de los galos, para cubrir las piernas. Como calzado usaban unas sandalias o *caligae* (7).

La vestimenta de los **centuriones** era muy similar a la de los legionarios. La diferencia se reducía a pequeños detalles; así, por ejemplo, los centuriones llevaban la espada corta o *gladius* (8) al lado izquierdo, mientras que los legionarios la portaban en la derecha.

Su rasgo más característico era la cimera (adorno de figuras vistosas que se colocaba en la parte alta del casco). De forma transversal, se distinguía de todas las demás. Además, el centurión lucía insignias dispuestas de manera circular, dependiendo del número de centuria que comandase.

Por último, en algunos casos el centurión se cubría con espinilleras de metal, desde la rodilla hasta los tobillos.

El traje de los **generales** y de los **emperadores**, mucho más lujoso, consistía en una coraza en forma de tórax y acoplada al torso, decorada con relieves cincelados y acompañada de una capa de púrpura.

Los **oficiales superiores** vestían, normalmente, una túnica corta hasta las rodillas, de color blanco y con rayas púrpura en los bordes. Además, llevaban una camisa, formada por varias tiras de cuero, que cubría las caderas y los hombros; se la denominaba *pteriges*.

Portaban espada y puñal, y yelmo con un gran penacho longitudinal. A diferencia de los centuriones, no protegían sus piernas con canilleras. Simplemente, calzaban las típicas sandalias para la guerra, o unas de color negro, propias de los senadores. Era común, asimismo, que se adornasen con una cinta (lazo ritual), blanca o roja, anudada a la coraza.

5. La barba y los cabellos

Los antiguos romanos se dejaban crecer la barba y los cabellos. Solo a partir del siglo III a. C., por influencia de las modas griegas, comenzaron a cortarse el pelo o a rasurarse la barba. Hubo épocas en las que estaba de moda afeitarse, incluso la cabeza, y otras en las que por el contrario se llevaba la barba, más o menos recortada, y el cabello largo.

En cualquier caso, no existían unos hábitos uniformes para todo el mundo, sino tendencias de la moda más o menos generalizadas. Sí se mantenían ciertos rituales, como la costumbre de los jóvenes de ofrendar su primera barba (que cortaba un barbero o *tonsor*) a una divinidad o la de no afeitarse ni cortarse el pelo entre los que guardaban luto o los que iban a ser procesados. En general, los jóvenes solían llevar barba hasta las primeras canas. Afeitarse era un síntoma de envejecimiento.

La gran preocupación estética de las damas romanas era el cuidado de sus cabellos, del que se ocupaba la *ornatrix* o peinadora.

El peinado de la mujer, sencillo durante la República, alcanzó su máxima complicación, con gran volumen de rizos y cintas, en la época Flavia (dinastía imperial del siglo I). Asimismo, en el período imperial se produjo una verdadera invasión de los postizos. Las pelucas, además de permitir mayor variedad en los peinados, ofrecían la posibilidad de cambiar el color del pelo. Nunca estuvo de moda el pelo corto. Las jóvenes llevaban el pelo recogido con un nudo en la nuca o en trenzas formando un moño. Entre las mujeres casadas era mayor la variedad y la complicación de los peinados: rizos, redecillas, postizos, pelucas, sobre todo para conseguir un pelo rubio, y los tintes eran de uso frecuente.

La preocupación por el peinado era tal que, cuando se esculpía un busto, el artista tallaba el peinado con una pieza de mármol suelta para poderla cambiar al variar la moda.

Busto de Livia, esposa del emperador Octavio Augusto (s. I a. C.). Museo del Louvre (París).

Cuidar la belleza

Los útiles del tocador eran los peines, los espejos de metal, las pinzas, las agujas de pelo, las vasijas de ungüentos y los vasos de perfume. Los productos de belleza, como cremas, perfumes, ungüentos y colorantes, estaban muy extendidos, y muchos de ellos se importaban de Oriente. El agua de los baños privados se perfumaba con agua de rosas y otros perfumes. Esta costumbre era practicada por los dos sexos. Algunas mujeres muy refinadas se bañaban con leche de burra para mantener la piel tersa.

6. El aseo personal

Los romanos eran cuidadosos con su aseo personal. Dice Séneca que se lavaban todos los días la cara, los brazos y las piernas y tomaban un baño completo cada nueve días, bien en el baño de la casa, si lo había, bien en las termas o incluso en los ríos.

También empleaban tiempo en acicalarse y embellecerse, para lo cual disponían de utensilios, como espejos metálicos (no conocían los de cristal); peines de madera, de hueso, de marfil o de plata; y pinzas y agujas de diversos tamaños para sujetar el peinado y el vestido.

Los productos de belleza, especialmente ungüentos y perfumes, eran muy variados. Usaban aceite perfumado para los masajes después del baño, perfumes para el cabello y el cuerpo, y desodorantes contra el olor de axilas y pies. Los había, entre otros, de rosa, de azafrán, de azucena, de lirio o de nardo. Muchos de ellos eran importados de Oriente y vendidos en las *tabernae unguentariae.*

Asimismo, existía una gran cantidad de cosméticos. La mayoría de las mujeres se pintaba cuando salían de casa, pero también, a veces, los hombres se maquillaban los ojos, las cejas y los párpados. Los colores más usados eran el blanco y el rosado. Para disimular las arrugas había un producto hecho con harina de habas mezclada con caracoles secos al sol y pulverizados.

Las romanas se pintaban los labios con carmín. Les gustaba el pelo de color rubio y para conseguirlo se teñían con un tinte a base de sebos y cenizas que traían de Germania.

Espejo de metal pulido, frascos de marfil y alabastro, y jarrita de oro.

Mujer vertiendo perfume en un frasco (s. I). Museo Nacional Romano (Roma).

6 LAS CREENCIAS Y LAS SUPERSTICIONES

La religión en Roma tenía un sentido utilitario y estaba al servicio de los individuos, las familias y los antepasados y, fundamentalmente, del Estado. Alejada de cualquier contenido moral, todos los ritos y sacrificios, tanto públicos como privados, tenían como propósito obtener un beneficio de los dioses o de los espíritus, a los que invocaban para que sus fuerzas ocultas les fuesen propicias.

Este carácter funcional de los dioses permitía que se adoptasen continuamente divinidades de los países sometidos, que eran acomodadas a la tradición romana.

Los dioses de orígenes latinos carecían de mito y no eran representados materialmente a través de imágenes, pues la frontera entre lo divino y lo humano estaba bien delimitada.

Pero cuando el pueblo romano entró en contacto con los griegos, identificó muchos de sus dioses con los del Olimpo, haciendo suya la mitología que los acompañaba y las representaciones iconográficas de carácter antropomórfico de cada una de las deidades.

Mosaico de Neptuno y las cuatro estaciones *(s. II). Museo Nacional El Bardo (Túnez).*

Isis, diosa de la mitología egipcia. Escultura romana del s. II. Museo Capitolino (Roma).

1. Culto privado y culto público

En Roma existía una dualidad religiosa. Por un lado, estaban los grandes dioses romanos cívicos a los que el Estado rendía culto público y, por otro, las divinidades privadas o domésticas que eran veneradas por cada familia.

El culto privado: la diosa Vesta, los dioses *lares* y los *penates*

En el atrio de la casa, la dependencia más importante según la época, había un *lararium:* una capilla o una simple hornacina practicada en la pared con un altar, donde eran venerados, junto a la diosa Vesta, los espíritus protectores del hogar y del fuego. Eran los *lares* familiares, representados por medio de estatuillas o pinturas murales. Al final de cada comida había que dejar algo en la mesa para ellos y para los demás protectores divinos de la familia. Cualquier celebración familiar empezaba por la ofrenda de perfumes y guirnaldas de flores a estas divinidades.

También había en los límites de los campos cultivados pequeñas capillas dedicadas a los *lares,* que velaban por la prosperidad de la hacienda y que al igual que el resto de los dioses exigían culto y ofrendas.

Los dioses domésticos

Junto al culto público y oficial a los grandes dioses del panteón romano, los ciudadanos de Roma veneraban en sus hogares a los dioses tutelares de la casa y de la familia.

En el larario doméstico se representaba a la diosa Vesta, flanqueada por dos jóvenes que simbolizaban a los *lares*. A estos dioses se les daba un culto especial en los días festivos, y en todas las comidas diarias se les hacían ofrendas.

En la imagen, larario en forma de templete de la casa de los Vetii (Pompeya).

Asimismo, la familia romana rendía culto a los *penates,* dioses protectores de la despensa y de la casa en general. Con el tiempo, a la tríada protectora de la casa compuesta por Vesta, los *lares* y los *penates* se la designó con el término genérico de *lares familiares*.

Marco Aurelio ofrece un sacrificio ritual a Júpiter. Relieve romano del s. II. Museo Capitolino (Roma).

Pero no se agota aquí el culto doméstico. Los *manes* eran los espíritus de los antepasados muertos, a los que invocaban para captar su benevolencia, pues estaba muy arraigada la creencia de que si no había alguien que se acordase de ellos e hiciese ofrendas en sus tumbas y las cuidase, sus almas andarían errantes y sin sosiego hasta llegar a convertirse en espíritus de influencia nociva. Para evitar este mal, una vez al año, en las fiestas funerarias, ofrecían en sus tumbas alimentos y bebidas, flores y obsequios, al margen de la oración diaria de la familia y del recuerdo que representaban las mascarillas de cera de los difuntos que colgaban de las paredes de la casa; otras veces eran imágenes completas. Además, en las propias lápidas a menudo se hacían constar las letras *D. M. (Dis Manibus:* «dedicado a los dioses manes»).

Mas no todos los espíritus de los muertos eran propicios por el mero hecho de acordarse de ellos. Los *lemures* representaban funciones opuestas a las de los manes. Eran espectros malévolos que podían dañar y atormentar a los vivos, y con el fin de alejarlos de la casa y sus moradores, el padre, en la medianoche de los días 9, 11, y 13 de mayo (fiesta de los lemures o *Lemuralia)*, después de lavarse las manos en señal de purificación, echaba puñados de habas negras hacia atrás para que les sirviesen de alimento y así apaciguarlos. Otro recurso frecuente para ahuyentar a estas almas malignas era el de provocar ruidos fuertes.

Significado semejante tenían las *larvas*, espíritus de los criminales y de las personas desaparecidas en muerte trágica. Actuaban sobre los vivos produciéndoles trastornos mentales, que intentaban contrarrestar haciendo uso de exorcismos conocidos por la propia familia o con la intervención de alguna bruja o hechicero que pronunciaba las palabras de conjuro al tiempo que aplicaba toda clase de pócimas al efecto.

La familia era tanto una sociedad civil como religiosa. En el culto doméstico, el padre (o *paterfamilias*) era el sacerdote. Tenía su propio dios, que lo acompañaba toda la vida: el *genius* familiar.

El *paterfamilias* dirigía las ofrendas y pronunciaba la oración, que debía ir acompañada de los gestos prescritos con el fin de que fuese válida y produjese los efectos deseados. No debía faltar ni una sola palabra, y tenía que ser pronunciada con voz clara; de lo contrario, se interrumpía la ceremonia y se empezaba de nuevo.

Los entierros

La relación que tenía el pueblo romano con sus muertos era una mezcla de temor y veneración. El entierro constituía una de las ceremonias más solemnes, a la que asistían todos los miembros de la familia del finado, incluidos los antepasados difuntos *(manes)* representados por las máscaras de cera que los identificaban y que sus descendientes conservaban en el hogar.

Las procesiones funerarias, según la categoría social del difunto, iban acompañadas de plañideras, músicos y toda la familia. Parte importante del funeral era el **panegírico**, consistente en un recitado sobre la vida del muerto.

Banquete funerario. Pintura de la cúpula de la tumba tracia de Kazaniak (s. IV a. C.), Bulgaria.

El culto público: los dioses capitolinos

El culto público, aquel que se daba a los grandes dioses, propios o adoptados, en nombre de la ciudad o del Estado, era algo oficial íntimamente relacionado con la política. Los dioses capitolinos presididos por Júpiter, Juno y Minerva intervenían activamente en todos los asuntos de la vida romana. En la colina del Capitolio, junto a los templos de los dioses, se erigió el palacio del Senado, y la religión, en la época del Imperio, pasó a ser uno de los símbolos de la unidad del Estado.

En honor de los dioses se celebraban fiestas y juegos. Cada dios tenía asignado uno o más días del calendario que cada año confeccionaban los pontífices. Pero además, cuando ocurría una gran calamidad o prodigio que la sabiduría de los sacerdotes no era capaz de explicar, se hacían ceremonias religiosas que podían ir desde las purificaciones por medio de agua hasta la celebración de los *lectisternios,* que consistían en un gran banquete ofrecido a los dioses foráneos.

Templo de Hércules (s. II a. C.), Roma.

Los sacerdotes

En Roma había distintas clases de sacerdotes, debido a lo variado del culto. Los más importantes eran los pontífices, presididos por el *Pontifex Maximus;* los *flamines* se encargaban de encender el fuego de los sacrificios; los *decemvin* interpretaban los libros Sibilinos. Otros sacerdotes eran los *festiales*, que supervisaban los ritos públicos; los *salii,* que oficiaban en las fiestas de Marte o las vestales, que estaban dedicadas al culto de Vesta.

Los colegios sacerdotales

De preparar las fiestas y las ceremonias religiosas se encargaban los sacerdotes, organizados en colegios independientes ya que lo complicado y diverso del ritual, por existir tantos dioses, suponía cierta especialización.

Los sacerdotes no formaban una clase aparte dentro de la población. Eran elegidos entre los ciudadanos, políticos o militares generalmente, y no precisaban de una preparación previa, puesto que las técnicas del culto se aprendían dentro de cada colegio de generación en generación. El sacerdocio se convertía así en un cargo público íntimamente relacionado con la política.

La más importante de las corporaciones religiosas era la de los pontífices, presidida por el Pontífice Máximo, cuyas funciones eran velar por la pureza del culto, fijar las fiestas al confeccionar el calendario y anotar los acontecimientos más importantes de cada año.

Al margen de este culto público aparecieron los ritos «mistéricos» de influencia oriental, reservados solo a los iniciados que tenían la obligación de guardar silencio. Solían consistir en la reproducción de episodios de la vida del dios para que, reviviéndolos, el iniciado se identificase con él.

Los misterios más extendidos en Roma fueron los celebrados en honor de Cibeles, Isis, Mitra y Baco (Dioniso). Este último tenía carácter orgiástico, y los iniciados se entregaban a toda clase de excesos, lo que hizo que el Senado permitiese su celebración únicamente bajo el control del pretor.

2. Adivinación y sacrificios

Los vaticinios y la adivinación eran parte importante de la vida y la religión de los romanos, a quienes preocupaba el conocimiento del futuro y de la voluntad de los dioses. Por ello, antes de tomar cualquier decisión o emprender cualquier empresa importante se consultaba al augur, que indicaba si sería propicia o no la acción a realizar.

Cortejo de sacerdotes: los augures. Relieve del s. I a. C., en el Ara Pacis de Augusto (Roma).

Augures

Los augures eran los sacerdotes especializados en presagiar acontecimientos. Interpretaban la voluntad de los dioses a través de distintos tipos de señales: el vuelo de las aves era satisfactorio si procedía de la parte izquierda del augur y si no se quebraba antes de perderse de vista, y nefasto si procedía de la parte contraria o cambiaba la dirección durante la observación del vuelo. También presagiaban cosas funestas las aves que volaban a poca altura, al contrario de las que volaban muy alto.

Una observación más sencilla era la forma de comer de los pollos sagrados que los augures cuidaban en una jaula. Indicaban mal auspicio si se mostraban inapetentes o al comer dejaban caer restos.

Además de esta forma de augurar, que ni decir tiene que provocaba la ironía de muchos romanos, los augures interpretaban los sueños, así como las respuestas

Augurios

El pueblo romano creía en los vaticinios y presagios. La presencia y la observación de ciertos animales y su comportamiento se interpretaban como buen o mal augurio.

Así, el búho era considerado como anuncio de calamidades, mientras que la abeja, insecto sagrado y mensajera de los dioses, era portadora de buena suerte.

El águila, ave sagrada de las legiones romanas, anunciaba desgracias imprevistas y tempestades.

Los augures eran los sacerdotes encargados de asegurar la voluntad de los dioses a través de la interpretación de estos hechos.

de los oráculos, y preveían la ira de los dioses, aconsejando sobre cómo protegerse de ellos.

Los sacerdotes llamados *decenviros,* que en principio fueron dos y más tarde quince, tenían la función de interpretar los libros Sibilinos, guardados celosamente de la curiosidad del pueblo. La importancia que se daba a estos libros se pone de manifiesto en el hecho de que los sacerdotes necesitaban la autorización del Senado para consultarlos. Eran tres libros de profecías que, según contaban, había vendido la sibila de Cumas al rey Tarquinio el Soberbio, y que este depositó en el templo de Júpiter. A ellos se acudía solo en circunstancias extraordinarias para interpretar los prodigios de carácter adverso —como epidemias, terremotos o grandes desastres en la guerra—, y aplicar las prescripciones que allí se daban, aunque para ello también necesitaban el consentimiento del Senado.

Supersticiones y magia

Religión, superstición y magia no tienen una delimitación concreta en el mundo romano. Las prácticas mágicas importadas de Oriente fueron fácilmente aceptadas.

Lo que más satisfacía a los dioses, según las creencias, eran los sacrificios y, por tanto, constituían el acto más importante del culto.

En el ritual doméstico eran incruentos, por tratarse generalmente de ofrendas de frutas, vino y alimentos.

Pero en el culto público eran corrientes los sacrificios cruentos, y todo estaba minuciosamente reglamentado. Cada divinidad mostraba su predilección por una clase de ofrendas. Unos preferían frutas; otros, animales, y algunos llegaban al extremo de exigir un sexo o color determinados, o que el animal se encontrase en circunstancias concretas tales como que fuese lactante, que estuviese castrado, preñado...

Sacrificio de un gallo a Dioniso (detalle de un sarcófago romano). Museos Vaticanos (Roma).

Una vez elegido el animal era conducido al altar adornado con guirnaldas y cintas. Ya ante él se le echaban por la cabeza migas de *mola salsa,* masa hecha con harina y sal, para purificarlo.

Después de degollada la víctima y dejadas a la vista las entrañas, entraban en escena los arúspices, sacerdotes de origen oriental que se encargaban de examinar el estado de las vísceras. Toda anomalía observada en ellas era interpretada como signo de mal agüero y suponía que la víctima fuese rechazada y se ofreciese otra. Aceptada la víctima por los arúspices, se quemaban las entrañas y el resto de la carne se asaba y se ofrecía a los asistentes.

El sacrificio ofrecido a los dioses, especialmente en la inauguración o restauración de un templo, era el llamado *suovetaurilia,* consistente en la inmolación de un cerdo, una oveja y un toro.

Este tipo de sacrificio lo solían realizar también algunas familias hacendadas en honor de Marte, dios de la guerra y de la fecundidad, para invocar su protección sobre cosechas y ganado.

Cuando las desgracias persistían, se interpretaba como que los dioses no estaban satisfechos, y ofrecían el sacrificio llamado *hecatombe* ('cien bueyes') por los griegos, a pesar de que los romanos llegaron a sacrificar muchos más.

Un remedio extraordinario contra grandes males, contemplado en los libros Sibilinos, era la *primavera votiva.* Se trataba de una promesa consistente en ofrecer a Júpiter el sacrificio de todo ser animado que naciese entre ellos durante la primavera, si el dios concedía lo que le pedían. Si explícitamente no eran excluidos, los niños también entraban en la promesa. Pero como consideraban demasiado cruel sacrificarlos, esperaban a que fuesen adultos y los desterraban para siempre.

Los sacrificios humanos eran raros, aunque hay testimonios escritos de que se realizaban. Y a pesar de haber sido suprimidos por decreto del Senado en el siglo I a. C., algunos emperadores siguieron con la práctica.

En Roma, la mayor parte de los cultos tenían un marcado carácter estatal, a pesar de lo cual la vida de los romanos estaba impregnada de religiosidad de uno u otro signo. Ello facilitó la aceptación por parte de este pueblo de otras creencias procedentes de otros lugares.

Los arúspices

Eran sacerdotes de origen oriental, encargados de observar y estudiar las vísceras de los animales sacrificados. Fijaban su atención especialmente en el hígado y, si encontraban alguna anomalía en él, rechazaban la víctima y se ofrecía un nuevo animal en sacrificio.

Arriba, Octavio Augusto. Como emperador del estado romano, era Sumo Pontífice y actuaba como cabeza de una gran familia, ofreciendo sacrificios a los dioses en favor de su pueblo.

Los cambios en la moral y la religión en Roma

Escena de flagelación y bacante bailando (Villa de los Misterios, Pompeya), s. I a. C.

La religión del Imperio Romano era una religión estatal que tenía fundamentalmente una función cívica, y que servía para asentar la identidad y la unidad de los ciudadanos romanos en un Imperio muy grande y con pocas características comunes. Las festividades del calendario, los sacrificios y los ritos se celebraban con una doble finalidad: la de sentirse romanos y la de aplacar a los dioses y conjurar su ira. Las élites romanas eran bastante escépticas acerca de la existencia real de esos dioses, a los que no obstante respetaban como deidades cívicas. La religión romana estatal no tenía un cuerpo doctrinal ni un contenido ético y moral prescriptivo, ni ejercía la función de reformar la sociedad.

Esto no quiere decir que no existieran preocupaciones morales y creencias religiosas en la sociedad romana. Entre un montón de sectas y escuelas, se destacaron epicúreos y estoicos. Los romanos buscaron en ellos orientaciones racionales para poder comprender el sentido de sus vidas y encontrar algunas pautas para vivir adecuando sus decisiones vitales y morales a ciertas referencias –basadas en la naturaleza, la contención de los instintos, la justicia y el respeto a los demás–, que les procuraran una mayor felicidad.

El epicureísmo y el estoicismo, aunque pretendían reformar las costumbres y humanizar las formas de vida de la Roma entregada a los placeres y al lujo, no eran sin embargo religiones en sentido estricto. Eran escuelas filosóficas materialistas, con una gran influencia en las capas cultas de la sociedad, que pretendían que sus adeptos compartieran un estilo de vida y unos valores morales que hoy podríamos calificar de humanistas.

Así, desde los comienzos del siglo I y en la época del Imperio de Augusto, se produjeron cambios en el comportamiento de la sociedad romana referidos a actitudes y a valores morales. Cambios que fueron potenciados desde varias vías: las reformas de Augusto, la influencia cultural de las escuelas filosóficas antes mencionadas o los avances del cristianismo, que al cabo de cierto tiempo se convirtió en una religión muy influyente.

En su obra *La sociedad romana*, el historiador Paul Veyne afirma que en torno al año 100 se produjo una especie de convergencia de valores, de manera que un estoico y un cristiano pensaban cosas muy parecidas sobre el matrimonio, la sexualidad, la educación de los hijos, los deberes y la responsabilidad, aunque con una notable diferencia. El estoico opinaba que los hombres y las mujeres acometerían sus responsabilidades morales como consecuencia de su autonomía y de su voluntad guiadas por su razón y comprensión. El cristiano lo hacía siempre por imperativo de la Iglesia y porque se lo premiarían en la otra vida.

¿Cuáles fueron esos cambios morales? Fundamentalmente, todos aquellos relacionados con el matrimonio y los deberes de los esposos entre sí, la natalidad, la sexualidad y las relaciones entre las personas. Estoicos y cristianos estaban de acuerdo en que la pareja debía ser monógama y dirigir su sexualidad hacia la reproducción, que los esposos debían tener relaciones mutuas de cuidado y respeto, y que la familia era el núcleo básico de la organización social y de la educación. Por otra parte, rechazaban el lujo improductivo y decadente como forma de vida, y predicaban la compasión y el respeto para gobernar las relaciones humanas. Según Veyne:

«Entre la época de Cicerón y el siglo de los Antoninos se produjo un gran acontecimiento mal conocido: la metamorfosis de las relaciones sexuales y conyugales. Al término de esta metamorfosis, la moral sexual pagana se muestra idéntica a la futura moral cristiana del matrimonio. Ahora bien, esta transformación maduró independientemente de cualquier influencia cristiana; estaba ya acabada cuando se difundió la nueva religión y se puede pensar, incluso, que los cristianos simplemente se apropiaron de la nueva moral de las postrimerías del paganismo».

Pareja romana. Pintura de una casa de Pompeya.

Principales dioses romanos

Los romanos atribuían el poder supremo a Júpiter y Juno. Pero al entrar Roma en contacto con la religión griega, la diosa Minerva, identificada con la Atenea de los griegos, participó de este poder con los dioses anteriores, formando la *Tríada Capitolina*.

En el siglo III a. C. instituyeron banquetes sagrados para doce dioses que los protegerían de la derrota frente a los cartagineses. Y posteriormente eligieron, de entre ellos, ocho que eran los únicos que se podían representar en oro, en plata y en marfil.

Dioses	Funciones	Parentesco	Atributos
Júpiter	Justicia	Dios principal del panteón	Rayo, águila y cetro
Juno	Matrimonio y maternidad	Hermana y esposa de Júpiter	Cuervo, pavo real y granada
Minerva	Sabiduría e industria	Hija de Júpiter	Lanza y escudo
Ceres	Agricultura	Hermana de Júpiter	Gavilla
Diana	Caza y naturaleza	Hija de Júpiter	Ciervo, arco y flechas
Apolo	Belleza y el sol	Hijo de Júpiter	Lira y laurel
Marte	Guerra	Hijo de Júpiter y Juno	Yelmo encrestado y escudo
Mercurio	Comercio	Hijo de Júpiter y Maia Maiestas	Sandalias y casco alado y caduceo
Neptuno	Mar	Hermano de Júpiter	Tridente
Plutón	Infiernos	Hermano de Júpiter	Cetro
Venus	Amor y belleza	Hija de Júpiter y Dione	Concha, rosa y manzana
Vesta	Familia	Hermana de Júpiter	Fuego del hogar

Juno

Júpiter

Minerva

Marte

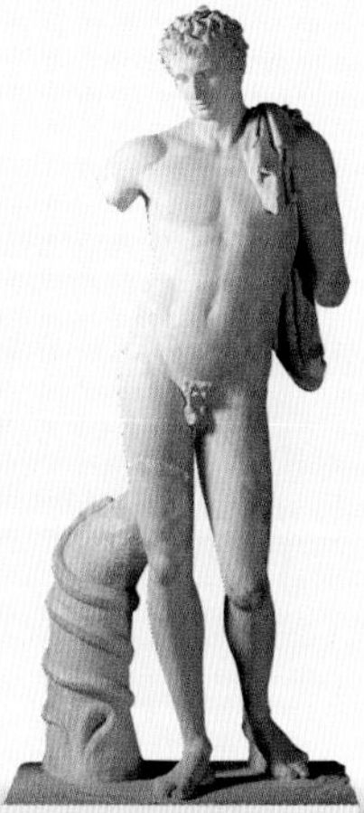
Mercurio

Neptuno

Plutón

Diana

Vesta

7 LOS ESPECTÁCULOS

Cuando Augusto fue proclamado emperador, Roma solo tenía en su calendario 76 *dies festi* (días de fiesta) consagrados en honor de los dioses; al cabo de pocos años, los romanos disfrutaban de 175 días festivos.

A la antigua austeridad siguió una etapa de transformación de costumbres. Así, empezaron a organizar fiestas y espectáculos *(ludi publici)*. Los juegos recibían diversos nombres, según el dios al que se les dedicaban *(Cereales, Florales, Apollinares, Capitolini)*, el lugar donde se celebraban *(Circenses, Theatrales)*, o el motivo de su celebración *(Iuvenales, Funebres, Vinalia)*. El erario público destinaba una cantidad para sufragarlos, pero siempre resultaba insuficiente. Por ello, los magistrados completaban los fondos con su propia fortuna; así, agradaban al pueblo y se aseguraban su elección.

Durante las fiestas, masas ingentes se dirigían hacia el Coliseo para asistir a una jornada de juegos. Suetonio escribía que «tal cantidad de gente acudía a estos juegos, que muchos extranjeros se veían obligados a alojarse en tiendas de campaña a lo largo de las calzadas». La muchedumbre era a veces tan grande que muchos morían aplastados.

1. Representaciones teatrales

En los días de fiesta se celebraban representaciones teatrales en honor de los dioses, destinadas a deleitar al pueblo.

Las tragedias y las comedias ocupaban la mayor parte de los espectáculos teatrales, pero a los romanos, acostumbrados a los juegos circenses, no les entusiasmaba la seriedad de la tragedia y por eso preferían las comedias de Plauto, más desenfadadas.

En los teatros se representaban, además, las atelanas, los mimos y las pantomimas, géneros que gozaban de mayor aceptación entre el gran público.

El teatro de Mérida

Los grandes teatros se construían en las laderas de las montañas para aprovechar el desnivel. La *cavea* (gradas) estaba dispuesta en forma semicircular y frente a ella estaba la *scaena*. Entre esta y las gradas se hallaban la *orchestra* y la *poedria*, donde se situaban los músicos y las autoridades. Las gradas se dividían en tres sectores: en el primero se sentaba la alta sociedad, y en el resto, el pueblo. Estaban cerradas por un muro y en las representaciones se cubría el recinto del teatro con un gran toldo para proteger al público del sol.

El frente de escena (frons scaenae) *es el elemento más espectacular. Alcanza los 30 metros de altura y está formado por dos cuerpos de columnas corintias de mármol.*

Además de las trece puertas de acceso, que comunican con los vomitorios del graderío, tiene dos más (aeditus) *para entrar en la escena, todas ellas con pasillos abovedados.*

La **atelana** era una especie de sainete, con cuatro personajes muy característicos: el astuto y jorobado *Doseno*, que encontraba remedio para todo, todo lo sabía y acompañaba sus respuestas con golpes y bofetadas; el *Bucco* o tragón, que solo pensaba en comer; el *Pappo* o viejo bonachón, y el *Macco* o tonto, que solía ser el hazmerreír de todos y en las representaciones siempre salía molido a palos.

1) Frons scaenae; 2) Scaena; 3) Orchestra; 4) Poedria; 5) Ima cavea; 6) Media cavea; 7) Summa cavea; 8) Aeditus; 9) Vomitorium; 10) Puerta de acceso.

El teatro romano de Mérida comenzó a construirse en el año 16 a. C. y, con un diámetro de casi 100 metros, llegó a tener una capacidad para 5 800 personas. En la época moderna, a partir de 1933, continúa cumpliendo su función original con el prestigioso Festival de Teatro Clásico.

El **mimo** era parecido a las atelanas, pero sin personajes fijos. Se representaba en los entreactos de las tragedias y las comedias. Sus actores eran personajes del pueblo que imitaban la vida familiar. Los tres personajes habituales eran la mujer, el marido y el amante. El amante, apuesto; el marido, un zote, y la mujer, astuta. Había tres clases de mimos, según se representara en las plazas públicas, en las casas o en los teatros.

Máscara de teatro (s. II). Detalle de la decoración de un sarcófago romano. Museo Arqueológico (Antalya, Turquía).

En la Roma antigua, en las ciudades y los pueblos, la gente pasaba gran parte del día en las calles y plazas públicas. Estos espacios se convertían con frecuencia en lugares de diversión y pasatiempo y allí acudían los saltimbanquis, los charlatanes y los mimos.

Estos cómicos montaban en plena calle un tenderete, y todos acudían a presenciar los juegos de un prestidigitador, un echador de buena ventura, los saltimbanquis o los equilibristas.

Algunos histriones, bufones y danzantes acudían a los domicilios de los ricos y actuaban mientras los hombres opulentos cenaban. Se les recompensaba con dinero o incluso con tierras de dominio público. Como los mimos tenían tanto éxito, en las casas de los romanos importantes se crearon escuelas de teatro para formar a los mimos.

La **pantomima**, un género teatral enteramente latino, conjugaba canto, música y mímica. La obra tenía escaso valor literario; lo que más se apreciaba era la mímica, arte por el que los romanos sentían gran pasión.

Los temas favoritos de las pantomimas eran las historias de amor, sobre todo de dioses y héroes. Estas piezas se representaban en los teatros ordinarios. El protagonista, *pantomimo,* debía poseer cualidades físicas especiales: talla bien proporcionada, vigor, finura y flexibilidad.

Hasta el siglo IV, las pantomimas solo las representaban los hombres.

Tiempo después, intervinieron también las mujeres. Algunas consiguieron gran popularidad y prestigio, como Teodora, que llegó a ser emperatriz.

En un principio, en los teatros se representaban una tragedia y una comedia diarias. Más tarde, solo una comedia. Los espectadores acudían al teatro después del *prandium* (comida). El espectáculo duraba unas cuatro horas. Posteriormente, las sesiones teatrales se iniciaban por la mañana y terminaban por la tarde. Los espectadores se pasaban todo el día en el teatro; allí comían y bebían.

Al teatro podían asistir todos los ciudadanos, incluso las mujeres y los niños. Los esclavos no podían presenciar estas representaciones, pero en ocasiones se les dejaba entrar.

Actores y actrices

La mayor parte de los actores eran extranjeros, esclavos y libertos, gente de escaso prestigio social. Entusiasmaban a los espectadores con sus historias de doble sentido, y llegaron a ser imprescindibles en las grandes fiestas de los ricos. Las mujeres también intervenían en las representaciones, pero estaban mal consideradas y tenían la misma reputación que las prostitutas.

Los actores romanos, al igual que los griegos, se cubrían el rostro con máscaras, que se hacían con diversos materiales: madera, barro, pintura espesa, telas, cera... Eran muy variadas, y los actores se ponían una u otra según el papel que representasen: un rey, una mujer, un esclavo, un viejo, un niño o un animal.

Máscaras de teatro

Las máscaras se modelaban en forma de rostro humano o de animal. Su fabricación era complicada, y cada máscara era un símbolo con una historia propia. Los actores se cubrían el rostro con ellas para interpretar los diversos personajes. (Un mismo actor podía representar varios papeles).

En la imagen, máscara y guirnaldas. Pintura romana de una casa de Solunto (s. I). Museo Arqueológico Regional (Palermo, Italia).

2. Espectáculos en el circo

Mientras el teatro se iba convirtiendo poco a poco en un espectáculo de variedades, el circo tomaba cada día más auge. Grandes carteles con dibujos anunciaban los espectáculos que se iban a representar en el circo o en el anfiteatro. Este acontecimiento constituía el tema preferido de todas las conversaciones: se discutía en el hogar, en el Foro, en la escuela, en las termas e incluso en el Senado. Ese era precisamente el objetivo del magistrado que los organizaba: despreocupar y divertir al pueblo, a la vez que conseguía el favor de la plebe para alcanzar el puesto político deseado.

El erario público subvencionaba parte de estos juegos, pero como los magistrados querían dar la mayor grandiosidad y atracción, ponían de su propia fortuna el resto, ya que el pueblo juzgaba el valor de la persona según el dinero que derrochaba. Los *magni ludi romani* llegaron a costar 760 000 sestercios.

La abundancia de juego y la seguridad de la *annona* (trigo y dinero), más o menos abundante, despreocupaban a la población de cualquier otra cosa. Con el *panem et circenses,* la plebe se consideraba feliz.

Acróbata cabalgando de espaldas sobre un caballo. Mosaico de la ciudad romana de Volúbilis (Marruecos).

Los días en que se celebraban juegos, acudían al Circo Máximo de 150 000 a 200 000 personas, adornadas con diversos atuendos, según se celebrasen los *ludi cereales* (en honor de Ceres), a los que iban todos vestidos de blanco, o los *ludi florales* (fiesta de la primavera), en los que los asistentes se cubrían con prendas de variados colores para imitar los campos multicolores.

En otras ocasiones, los espectadores lucían pañuelos con colores de su equipo favorito (como los hinchas de hoy). Los hombres dejaban los burdeles, que se alineaban junto al circo, empeñaban hasta la ropa en las apuestas, se proveían de comida y almohadillas y entraban a presenciar el espectáculo, que duraba todo el día. Los dignatarios ocupaban los palcos con asientos de mármol y adornos de bronce.

Se iniciaban los juegos con un desfile de carácter religioso, que partía del Capitolio y recorría en procesión el Foro y las principales calles de Roma, portando numerosas estatuas de los dioses. Ya en el circo, la comitiva recorría toda la pista. En cabeza y de pie sobre un carro iba el magistrado organizador de los juegos, ataviado de general victorioso, con toga bordada en oro. Sobre la cabeza lucía una corona de hojas de roble. En la mano portaba un cetro de marfil. Precedía al magistrado una gran comparsa de músicos vestidos con togas blancas. Detrás desfilaban las imágenes de los dioses, transportadas por carros engalanados

Con música

Todos los espectáculos que se realizaban en Roma eran anunciados y acompañados por músicos que interpretaban piezas con diversos instrumentos, entre los que predominaba el metal. El público reconocía el momento del espectáculo a través de los sones diferenciados.

Uno de esos instrumentos utilizados en los espectáculos era la trompa, idéntica a las trompas militares usadas por las legiones, cuyo desfile por las calles de Roma constituía a su vez uno de los espectáculos más apreciados por el pueblo.

En la imagen, músico tocando el aulos, instrumento semejante a una flauta doble. Detalle del Vaso Borghese (crátera del s. I a. C.).

El Circo Máximo

El Circo Máximo de Roma en un principio fue una simple pista de carreras alrededor de un seto o espina central; carecía de gradas y los espectadores presenciaban las carreras de pie. Más tarde, los emperadores Augusto y Nerón lo ampliaron y llegó a tener cabida para 200 000 personas. Augusto hizo traer un obelisco de Egipto para decorar la espina. En el siglo III murieron 13 000 espectadores al derrumbarse las gradas de madera.

El emperador y su familia tenían un palco que comunicaba con un palacete, donde había dormitorios, baños y otras comodidades para poder descansar entre competición y competición, dada la larga duración de los espectáculos.

La pista medía unos 600 metros de largo por 225 metros de ancho, y cabían hasta 12 carros. Un extremo de la pista era más largo que el otro, para que los carros pudieran alinearse al principio de la carrera.

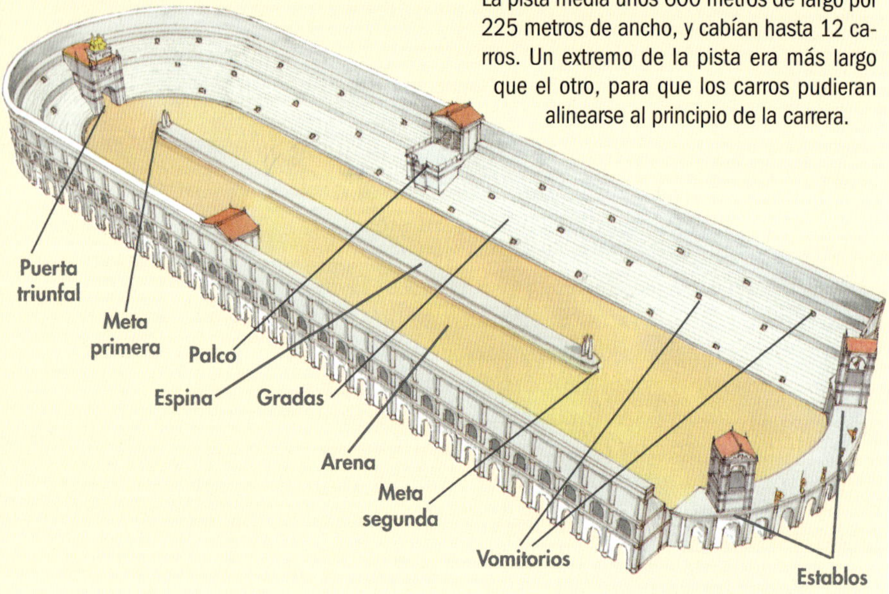

(tensae) —lujosamente decorados con marfiles, oro y piedras preciosas—, de los que tiraban briosas cuadrigas al mando de jóvenes vigorosos que conducían con una sola mano. La muchedumbre, puesta en pie, aclamaba con grandes voces a las divinidades. Todo era grandioso. En Roma, los juegos tenían lugar en el Circo Máximo o en el Circo Flaminio, así como en el Anfiteatro Flavio, reservado a los espectáculos más grandiosos. Se celebraban incluso combates navales, *naumaquias*. Este espectáculo se representaba en una laguna artificial, que se preparaba previamente, o se aprovechaba un lago existente.

3. Carreras de carros

En el circo se celebraban también otros muchos espectáculos, tales como las carreras al galope, que alternaban con las de al trote, con dos, tres o cuatro caballos. Los aurigas, casi todos esclavos, portaban yelmos metálicos; con una mano sujetaban las riendas, y con la otra, la fusta. Tenían que recorrer siete circuitos en torno a la pista elíptica tomando las curvas muy cerradas; era el momento más dramático, pues los carruajes colisionaban con facilidad y hombres y caballos rodaban por los suelos y eran aplastados por los que llegaban detrás. Los espectadores, con sus aullidos, espantaban a los animales y colaboraban a estos desastres.

Este espectáculo despertaba una rivalidad apasionada entre las cuadras y los espectadores. Los seguidores de unos y otros se identificaban por diversos colores: rojos, blancos, verdes y azules. Calígula era seguidor apasionado de los verdes. Llegó a ser normal que se corrieran veinticuatro carreras al día. El auriga ganador recibía una recompensa y era coronado con laurel.

Los aurigas eran los conductores de los carros que participaban en las carreras. Algunos de ellos se convirtieron en personajes famosos y fueron tratados como auténticos héroes. En la imagen, Cuadriga vencedora, *mosaico romano de los ss. III-IV. Museo Arqueológico de Cataluña (Barcelona).*

Yelmo de gladiador decorado con escenas de la guerra de Troya (s. I). Museo Arqueológico Nacional (Nápoles).

4. Lucha de gladiadores

De todos los juegos, el preferido por los romanos era la lucha de gladiadores, *ludi gladiatori.* Era una institución nacional. Su origen se remontaba a tiempos de los etruscos y formaba parte de las ceremonias fúnebres de este pueblo, costumbre que perduró largo tiempo. Pronto se extendió por la Campania y de allí pasó a toda Roma, donde en el siglo III a. C., por primera vez, lucharon en el Foro tres parejas de gladiadores. La afición creció y el pueblo pedía su celebración. Ante esta demanda, el Senado incluyó estos combates en los espectáculos públicos.

Las luchas de gladiadores y, en su conjunto, los juegos públicos, se hacían en el circo o en los anfiteatros. Después de que Tito inaugurara el Anfiteatro Flavio, en el año 80, la lucha de gladiadores, la caza de fieras, etc., pasaron a celebrarse en los anfiteatros. La celebración de los torneos de gladiadores se anunciaba en las paredes de las casas, en los edificios públicos y en la entrada de las ciudades. En Roma se realizaron luchas de gladiadores por primera vez en el año 246 a. C. Con el paso del tiempo, el pueblo romano se aficionó desmesuradamente a este espectáculo.

Los gladiadores luchaban por parejas, en grupos o en formaciones, como verdaderos ejércitos. Los participantes eran prisioneros de guerra, esclavos adiestrados o los condenados a muerte por homicidio, robo, sacrilegio o motín. Cuando estos escaseaban, los tribunales condenaban a muerte por delitos mucho menos graves para tener gladiadores suficientes. En ocasiones, participaban los hombres libres, que se inscribían en escuelas de adiestramiento, atraídos por las excelentes recompensas que se les daban a los vencedores y por la gloria que suponía ser vencedor. Para convertirse en gladiadores, los hombres libres debían prestar juramento de que se dejarían azotar, quemar o apuñalar.

La víspera del combate, a los gladiadores que iban a tomar parte en la lucha se les ofrecía una *cena libera* (cena pública) y se les obsequiaba con exquisitos manjares y abundantes bebidas.

Antes del combate

La *cena libera* era todo un espectáculo; de hecho, el público acudía para ver comer a los gladiadores.
En este acto, y por si morían, los que habían de luchar encomendaban a su mujer y sus hijos a los amigos y, si eran hombres libres, les concedían la libertad a sus esclavos.

Durante y después del combate

El espectáculo comenzaba con un gran desfile. Los gladiadores vestidos de oro y púrpura montados sobre carros desfilaban por la arena del circo o anfiteatro. Les seguía una gran cohorte de músicos con instrumentos de metal y de viento, así como un órgano hidráulico. Al llegar frente a la tribuna del emperador, pronunciaban el fatídico saludo *«Ave Caesar, morituri te salutant»*, y luego se dirigían hacia el promotor de la fiesta para que examinase las armas.

Los luchadores pertenecían a categorías diferentes e iban provistos de armas y vestimentas distintas según su condición. La indumentaria era pesada y protegía gran parte de su cuerpo. Los *retiarii* iban semidesnudos y armados solamente de una red, un tridente y un puñal; su contrincante, *callus*, llevaba escudo, hoz y casco.

Los samnitas vestían el atuendo de los soldados samnitas: casco con alas rematado con un penacho de plumas, escudo grande de forma rectangular, un protector en el brazo derecho y una espada corta.

La lucha era a muerte: si no vencían, tenían la obligación de morir con sonriente indiferencia; si el perdedor caía exhausto o levemente herido, se dejaba al arbitrio del público si debía matarlo o perdonarle la vida. Si se le indultaba, el público agitaba pañuelos al aire; si se bajaba el pulgar, *vertere pollicem*, era señal de que el vencedor debía rematarlo y gritaban: *«Iugula!»*.

Un buen combatiente podía llegar a ser muy popular y conseguir de este modo su libertad. No obstante, la esperanza de vida de un gladiador se podía contar por semanas, nunca por años.

En un combate ofrecido por Octavio Augusto, que duró ocho días, intervinieron 10 000 gladiadores. A medida que se desarrollaba la lucha, los esclavos apilaban los cadáveres y traían arena limpia para los siguientes combates. Fue un espectáculo atroz.

Lucha entre gladiadores. Mosaico del s. III. Galería Borghese (Roma).

5. Lucha de fieras

También las *venationes* o luchas de fieras tuvieron gran aceptación en Roma. Fieras raras y exóticas eran traídas de países lejanos, transportadas en barcos o carros para ser sacrificadas en estos cruentos espectáculos. Llegaban hipopótamos y cocodrilos del Nilo, elefantes de Libia, leones de Tesalia (Grecia), tigres de Hircania (Persia), osos del Danubio y un sinfín de variadas especies de otros lugares.

Las luchas eran terribles y el pueblo seguía con emoción estas peleas de ataque y defensa, que enfrentaban elefantes con rinocerontes, osos contra toros, tigres contra leones... Para despertar más la fiereza de estos animales se les acuciaba con aguijones y fuego. Al final del espectáculo, solo sobrevivían la mitad de las fieras, la otra mitad había desaparecido devorada.

En los juegos organizados por el emperador Tito para conmemorar la inauguración del Coliseo, en el año 80, se sacrificaron en un solo día 5 000 bestias salvajes.

Gladiador luchando con un león. Pintura romana del s. II. Museo Nacional de Arte Romano (Mérida).

El Coliseo

En el anfiteatro tenían lugar las luchas entre gladiadores y fieras. En el Coliseo de Roma, además de la lucha de los gladiadores, se celebraban las *venationes* (luchas de fieras) y las *naumachiae* (batallas navales), que requerían inundar la arena de agua. Como el espectáculo duraba todo el día, el anfiteatro se cubría con un gran toldo para tamizar la luz y evitar el calor del sol a los espectadores.

El Coliseo fue construido por tres emperadores de la dinastía Flavia entre los años 70 y 82 (Vespasiano, Tito y Domiciano) y tenía capacidad para 50 000 espectadores, lo que lo convirtió en el anfiteatro más grande de la antigua Roma.

El terreno de juego era en realidad una plataforma de madera cubierta de arena, bajo la que había un complejo de túneles y mazmorras (hipogeo) en el que se alojaba a los gladiadores, a los condenados y a los animales. Disponía de trampillas y montacargas para comunicar los dos niveles.

El graderío estaba dividido en pisos *(gradus)* para las diferentes clases sociales, de abajo arriba en orden decreciente de importancia social, y se accedía desde los pasillos internos hasta las gradas a través de los vomitorios.

La fachada consta de cuatro alturas con órdenes superpuestos diferentes: toscano, jónico, corintio y compuesto.

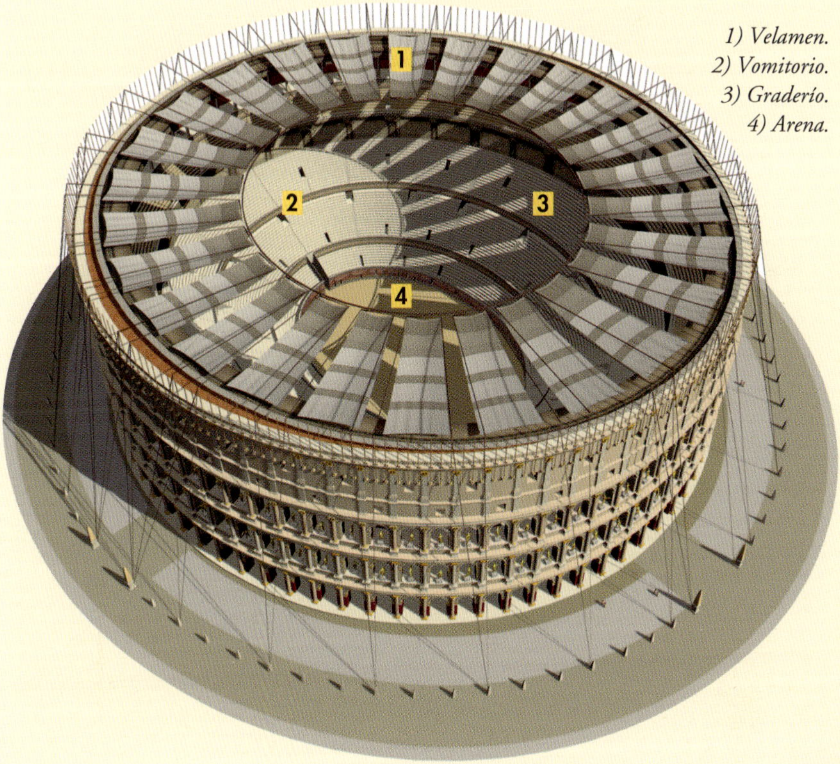

1) Velamen.
2) Vomitorio.
3) Graderío.
4) Arena.

8 LOS DEPORTES Y LOS PASATIEMPOS

Termas romanas en Bath (Inglaterra), s. I.

Los romanos practicaban numerosos juegos privados, que ocupaban el ocio de los días que no asistían a las diversiones públicas. Corrían en el *campus*, saltaban, lanzaban el disco o la jabalina, montaban a caballo, jugaban a la pelota, hacían gimnasia, natación... Eran expertos en la lucha y también competían en carreras. La caza y la pesca gozaban de gran popularidad. La danza y la música, con su significación religiosa y militar, las practicó el pueblo de Roma desde tiempos remotos.

1. Juegos y pasatiempos

Los juegos privados de los romanos eran tan universales que todavía hoy perduran muchos de ellos —pares y nones, la gallinita ciega, cara o cruz...—. Sus raíces hay que buscarlas en Grecia. Se han podido conocer a través de los relieves de los sepulcros, excavaciones o textos latinos de diversas épocas.

Jugar con la arcilla, montar a caballo con una caña, entretenerse con sus mascotas era común entre los pequeños. También se divertían con las cigarras y los grillos cantadores, que guardaban en cajitas preparadas para ellos.

Tanto los niños como las niñas disfrutaban con las marionetas, que por medio de unos hilos se movían y danzaban. Se divertían también jugando a *talus* (tabas) y *ocellates* (canicas), que hacían con barro cocido o piedrecitas redondas, a veces decoradas con dibujos. La peonza *(buxus)*, de madera de boj, era idéntica a las actuales, y gozaba de gran aceptación entre niños y adolescentes.

Muñeca de marfil (s. I). Museo Nacional Arqueológico de Tarragona.

Jugar al aro era muy popular entre los niños y los jóvenes romanos. Los aros eran de diferente tamaño, según las edades; los grandes, en ocasiones, llevaban adosados cascabeles que sonaban al rodar.

Al tres en raya jugaban tanto los niños como los adultos. Aún se conservan los dibujos preparados para este juego en algunas losas del pavimento del Foro romano. Se jugaba también sobre tableros.

Disfrutaban, además, imitando los actos de los mayores: simulaban batallas entre cartagineses y romanos, organizaban entradas triunfales, desfiles de magistrados; jugaban incluso a jueces y emperadores.

Las niñas participaban en muchos de estos juegos, pero jugaban, además, a casitas, a cocinitas, a vender y comprar… Les gustaban mucho las muñecas. Algunas tenían los brazos, la cabeza y las piernas articuladas. Se han encontrado varios ejemplares en los sepulcros infantiles. Las muñecas griegas y romanas tenían su ajuar completo, su alcoba, sus canastillas, incluso alguna llevaba diminutos anillos de oro. Se han encontrado pequeños peines de boj y vasos de tierra cocida.

Las diversiones de los jóvenes

A medida que crecían los niños, muchos de los pasatiempos infantiles perdían interés para ellos y dejaban de practicar sus juegos de la infancia. Los jóvenes preferían montar a caballo, jugar con perros, pescar y cazar. En el *campus,* corrían, saltaban, lanzaban el disco y la jabalina y conducían carros veloces en reñidas competiciones. La natación era un deporte muy popular —rara era la persona que no sabía nadar—. Lanzarse al Tíber y cruzar el río era uno de los deportes favoritos de los jóvenes y adolescentes.

La gimnasia formaba parte también de la educación de los jóvenes y buscaba el desarrollo equilibrado del cuerpo y del espíritu. Se completaba la formación física con otros ejercicios deportivos: la lucha cuerpo a cuerpo y las carreras *(cursus)* individuales, en grupo o por relevos.

El juego de pelota

El juego de pelota, *pila,* lo practicaban los hombres de todas las edades, pero las reglas de los partidos cambiaban según la edad de los participantes. A la pelota jugaban todos, hasta los hombres más importantes de Roma: Julio César, Augusto, Marco Aurelio… Era tanta la afición que muchos no hacían otra cosa en todo el día. Se jugaba de diversas maneras, y en función del tipo de juego era la pelota: su tamaño, materiales y dureza. Había una modalidad de juego con balón que se podía jugar con las manos o los pies. Los juegos de pelota procedían de Grecia.

Durante los partidos, los jugadores no se movían del sitio; las pelotas perdidas las recogían los recogepelotas. Otros se dedicaban a contar los puntos. Para tres jugadores había tres recogepelotas y tres contadores. Los jugadores solo debían centrarse en el juego.

Hasta finales de la República, los romanos organizaban los partidos de pelota en los espacios libres de las ciudades. Posteriormente y para mayor comodidad se jugaba en la palestra de los gimnasios o de las grandes termas, como la de Agripa, Nerón, Trajano… Los ricos se construían salones de juego de pelota en sus casas de campo.

Jóvenes jugando a la pelota. Mosaico de la villa romana del Casale (Sicilia).

La danza

La danza y la música tuvieron gran importancia cultural en Roma. En la época antigua era un rito religioso; sin embargo, las primeras danzas tenían mucho de bárbaro, de solemne y de marcial. El ritmo de baile era terciario (un-dos-tres), el mismo que posteriormente marcaban los soldados en las marchas.

En el siglo II a. C. se introducen unas danzas procedentes de Lidia (Grecia) más refinadas y acompasadas, que se bailaban en los convites de las familias adineradas. Estos bailes solo los practicaban las mujeres y los niños. Un hombre serio no podía bailar en público. Llamarle a un hombre *cinaedus* (bailarín) era la mayor injuria que se le podía hacer. Había otros bailes graciosos, con cierta dignidad, en los que se combinaban los brazos y los movimientos ágiles de las manos, que no eran provocativos y que no estaban mal vistos entre los jóvenes.

Los pasatiempos de los ancianos

Los juegos de azar eran los preferidos por los romanos y los practicaban tanto los ancianos como los hombres más jóvenes tras el trabajo o cuando no podían realizar sus tareas por el mal tiempo.

Mujeres en una danza funeraria. Fresco de la tumba de Ruvo (s. V a. C.). Museo Nacional de Nápoles.

Las apuestas variaban en función de la situación económica de los jugadores. Se apostaba más en las partidas de dados que en las de tabas; en este juego se perdían o ganaban grandes sumas de dinero muy rápidamente. Augusto perdió en una sola noche 20 000 sestercios. Nerón estaba dominado por el juego y apostaba 400 sestercios en cada partida. Claudio era un fanático de los dados y jugaba incluso en los viajes.

Antes de empezar el juego se establecían las reglas y se fijaban las apuestas. Se jugaba dinero, joyas, juguetes, objetos preciosos... Generalmente, a los dados jugaban sobre todo los ricos. A veces perdían hasta su patrimonio e incluso la túnica de sus esclavos.

Juegos de azar

Marco Tulio escribía: «Tengan para sí los jóvenes las armas, los caballos, las jabalinas, los dardos, la caza, las carreras; a nosotros, los viejos, de entre todos los juegos déjennos los dados y las tabas».
Los juegos estaban oficialmente prohibidos, pero se permitían en los banquetes y en las fiestas. En los demás casos, estos juegos los perseguía el *pretor,* por el fraude y por las ruinas familiares que ocasionaban. A pesar de ello, se jugaba.

El juego de dados y tabas

Los dados *(tesserae, cubi)* eran unos cubitos de hueso, de madera, marfil o mármol que llevaban impreso en cada uno de los lados un número, del uno al seis, al igual que las tabas —los dos juegos eran muy parecidos—. En las partidas solo se utilizaban dos o tres dados. La jugada máxima consistía en sacar un seis en los tres dados. El azar era mucho mayor en los dados. Con el fin de evitar las trampas, los dados se echaban en un cubilete; después de agitarlo se arrojaban sobre el tablero de juego. Para acompañar la suerte en la tirada, el jugador invocaba a una divinidad o pronunciaba el nombre de la mujer amada.

Las mujeres, en general, también eran aficionadas a los juegos de azar.

Para jugar a las tabas, los romanos utilizaban el *talus* (talón), un hueso de las patas de los carneros, ovejas o cabras, que tiene seis caras. Para el juego solo se cuentan cuatro de ellas, que son las iguales. En las partidas se empleaban de tres a cuatro tabas. Los ricos no empleaban el *talus,* sino unas piezas semejantes a los huesecillos, hechos de marfil, cristal o de otra materia preciosa. Las reglas del juego eran parecidas a las de los dados. La mejor tirada se llamaba *venus.* La peor (cada cara diferente), *canis.* Se jugaba también con cubilete, para evitar trampas.

2. Las termas, lugar favorito del ocio

El lugar preferido de los romanos para su esparcimiento y reuniones eran las termas. Allí acudían, por las mañanas, las mujeres y, al atardecer, los hombres, después de su trabajo en el campo, la ciudad o el Foro. Charlaban con los amigos, se comentaban los últimos rumores políticos, paseaban, hacían gimnasia y se bañaban o jugaban a pelota.

Las termas de Caracalla

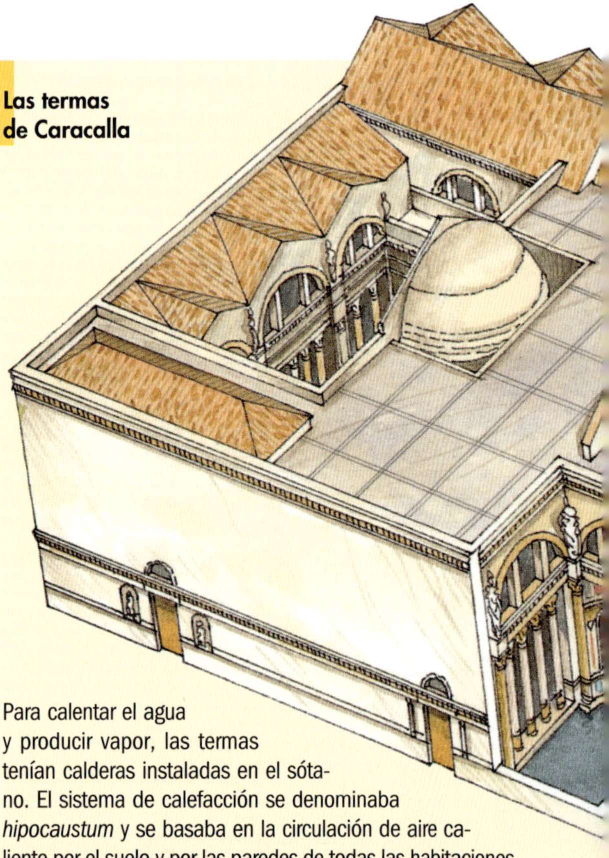

Para calentar el agua y producir vapor, las termas tenían calderas instaladas en el sótano. El sistema de calefacción se denominaba *hipocaustum* y se basaba en la circulación de aire caliente por el suelo y por las paredes de todas las habitaciones. En los lugares destinados al baño, tenían una sección para hombres y otra, más pequeña, para mujeres. Después de desnudarse, los hombres podían bañarse o practicar diversos juegos en la *palaestra*. El más popular era el juego de pelota *(trigon)*, que practicaban tres jugadores en posición estática en las esquinas de un triángulo.

Era un lugar espléndido: baños de agua caliente, de agua fría, de vapor, salas para unciones de aceite y habitaciones privadas para que los esclavos dieran masajes a sus amos.

Sus paredes, recubiertas de mármol y estucos, les daban un aire de elegancia y confort inigualables. Por los frondosos jardines que rodeaban a los baños, se paseaba y se ultimaban detalles de la cena a la que se iba a asistir esa noche.

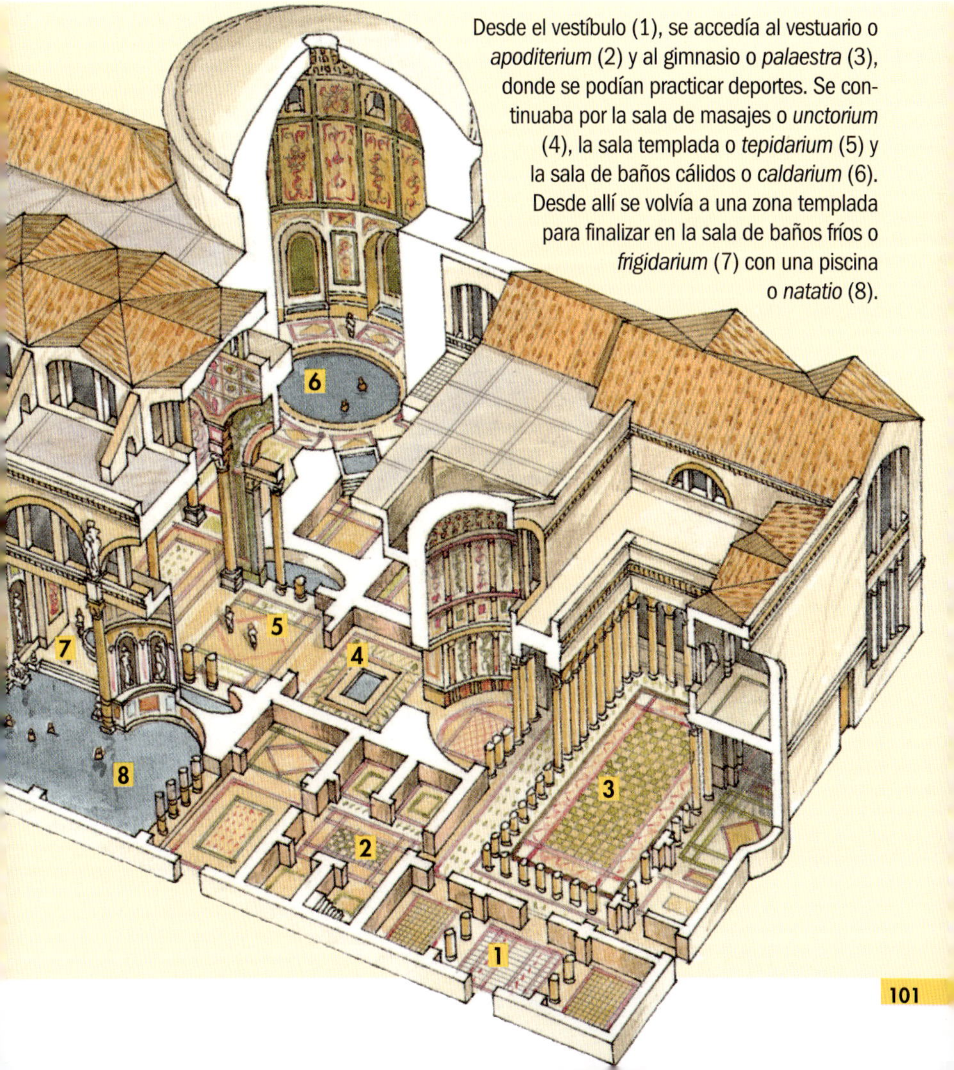

Desde el vestíbulo (1), se accedía al vestuario o *apoditerium* (2) y al gimnasio o *palaestra* (3), donde se podían practicar deportes. Se continuaba por la sala de masajes o *unctorium* (4), la sala templada o *tepidarium* (5) y la sala de baños cálidos o *caldarium* (6). Desde allí se volvía a una zona templada para finalizar en la sala de baños fríos o *frigidarium* (7) con una piscina o *natatio* (8).

9 LOS BANQUETES Y LA *ANNONA*

Ánforas romanas utilizadas para el almacenamiento de vino. Museo Nacional de Arte Romano de Mérida.

En las comidas, como en toda la vida romana, fue muy notable la evolución de las costumbres. Hubo un largo período de austeridad en la historia de Roma, en el que el pueblo no conoció más que los alimentos básicos que proporcionaba la tierra: los cereales —la *fritilla* y la polenta—; las legumbres; las hortalizas; la leche —de cabra y de oveja—, con la que fabricaban los yogures añadiéndoles hierbas aromáticas de tomillo, orégano o menta, y los huevos.
Con el paso del tiempo y con la opulencia, se fueron introduciendo nuevas costumbres, y en las mesas de los ricos y poderosos comenzaron a aparecer exóticas y refinadas viandas.

1. Qué comían

Como Roma no podía abastecer de alimentos básicos a sus habitantes, traía de las provincias conquistadas el trigo, el aceite y el vino necesarios para alimentar a la población.

Los alimentos que demandaban los ricos se adquirían, sin importar el precio, en lugares lejanos que no pertenecían al Imperio. Así llegaban a la mesa de los pudientes las gallinas de Guinea (llamadas faisanes), gallos de Persia, pavos de la India, conejos de Hispania, corzos de Ambracia (Grecia), atunes de Calcedonia (Asia Menor), ostras y almejas de Tarento (Italia), mejillones del Ática y tordos de Dafne (Egipto), exquisitos mariscos, olorosas frutas y deliciosos dulces, que se comían acompañados de buenos vinos.

Hábitos saludables

Los romanos comían tres o cuatro veces al día:

- por la mañana, al levantarse, el *ientaculum* (desayuno),
- alrededor del mediodía, el *prandium* (almuerzo),
- a media tarde, la *merenda* (merienda),
- hacia las 8 (en invierno) o las 9 (en verano) de la noche, la *cena* (cena).

2. Cuándo comían

Sobre las siete o las ocho de la mañana, se tomaba un modesto desayuno, compuesto de pan con aceite o vino, miel, queso y fruta fresca o seca. Los niños se llevaban el bocadillo a la escuela. El almuerzo era ligero: legumbres verdes o secas, pescado o huevos, setas y frutas del tiempo. La merienda solo la tomaban en verano los campesinos que trabajaban de sol a sol; de este modo partían la tarde. La comida principal era la cena, que se hacía en familia, al final de la jornada. En ocasiones se invitaba a los amigos para celebrar las fiestas de aniversario, nacimiento y bodas.

Los romanos opinaban que el mayor placer de la vida residía en las conversaciones en torno a las cenas. Se preparaban dos tipos de cenas, según fuese la de cada día, para los miembros de la familia, o con ocasión de alguna fiesta.

En la cena diaria se tomaban lechugas, huevos duros, puerros, gachas y judías pintas con tocino magro; de postre se servían uvas, peras y castañas asadas si era el tiempo; el vino era corriente. Las cenas en familia eran mucho más sencillas, y los alimentos que tomaban, menos refinados y abundantes que cuando tenían invitados. La mesa se montaba de forma menos protocolaria y se servía sin ceremonias. Era la comida que se hacía en familia al final de la jornada y el momento de reunión de todos los miembros de la casa.

Una cena de convite constaba de tres partes: el *gustus* o aperitivo, la *prima mesa* y la *secunda mesa*. El *gustus* se tomaba antes de la cena; consistía en una serie de alimentos para despertar el apetito: melón, lechuga, atún, croquetas, alcachofas, trufas, ostras y pescado salado. La *prima mesa* consistía en servir un sinfín de manjares variados; era el plato fuerte. Se tomaba cabrito, pollo, jamón, pescados —conocían alrededor de 150 especies—, mariscos y otros platos exóticos preparados con las vísceras de los animales. La *secunda mesa* la componían los postres; tomaban fruta, dulces, dátiles, pasas y vinos dulces.

3. Cómo comían

Los convites tenían una función social y familiar de primera categoría. Los invitados llegaban a la casa con bastante antelación. Allí les recibían los esclavos, que les recogían los zapatos y la toga. Se les ofrecía un baño caliente y perfumado o se les lavaba los pies y se les perfumaba. A continuación, pasaban a una gran sala, donde el dueño de la casa tenía expuesta la vajilla para el gran banquete y les iba contando a cada uno de los invitados, a medida que iban llegando, la procedencia y excelencia de cada una de las piezas de valor.

Ya en el *triclinium* y una vez acomodados, pasaban los esclavos con los aguamaniles para que los comensales se lavasen las manos.

La disposición del comedor romano era muy sencilla. Consistía en tres sofás inclinados hacia atrás, cubiertos por cojines, que se colocaban en tres lados de la mesa; de ahí, el nombre de *triclinium*. El lado abierto era para acceder el servicio.

La forma de distribución de los comensales alrededor de la mesa fue distinta según las épocas: tres triclinios alrededor de la mesa, dejando un lado libre para servir, o un lecho semicircular, el *stivadium,* para todos los comensales.

Lujo de detalles

Los romanos tenían verdadera pasión por las vajillas lujosas de oro, plata, ágata, ónice o cristal. Eran muy apreciadas las que procedían de Oriente, o *murrinas*, que tomaban su nombre del color y olor que tenían, parecido a la mirra.

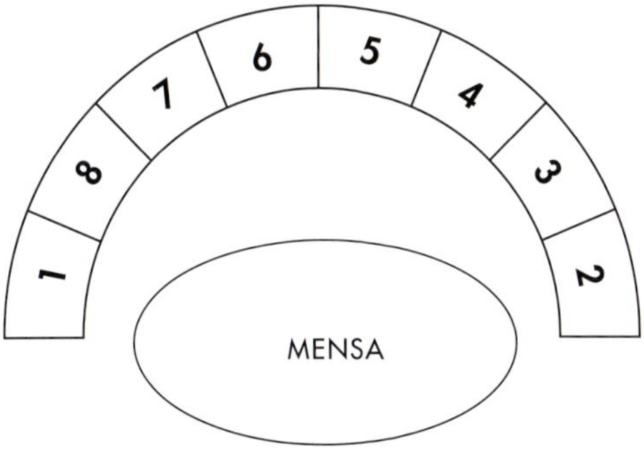

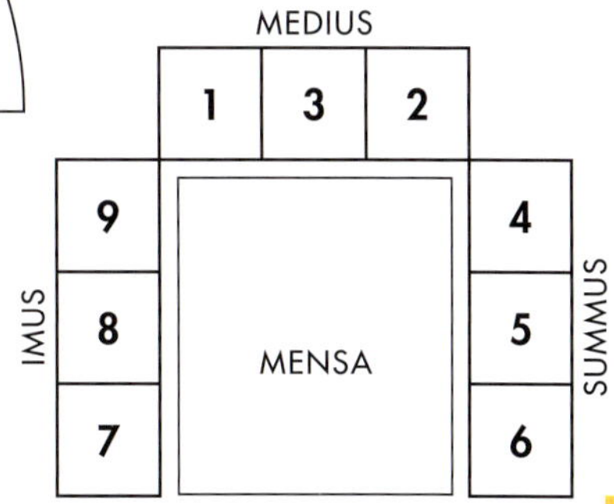

Las posiciones de los triclinios se dividían en imus, medius, *y* summus. *En el* summus *se colocaba el invitado principal; y en el* medius, *el propietario, para tener una posición visual central.*

Para servir la mesa se reservaban los esclavos más hermosos y de mejores modales. Se les vestía con ropas de colores vivos, que contrastaban con sus largas y rizadas cabelleras, que, en ocasiones, servían para que sus amos se secaran las manos en ellas. Los más agraciados servían el vino, cortaban los manjares y los ofrecían a los invitados. Los esclavos que retiraban los platos, limpiaban las mesas y recogían los desperdicios del suelo iban peor vestidos, llevaban barba y las cabezas rasuradas.

Cada invitado llevaba un esclavo, *servus ad pedes,* que permanecía siempre junto a su amo y a sus pies, pendiente en todo momento de prestar algún servicio a su dueño; sobre todo, cuando comía o bebía en demasía.

Los alimentos se tomaban con los dedos de la mano derecha y con la izquierda se sostenía el plato, hondo o plano, según la comida. Los vasos se usaban para beber el agua y el vino. No conocían el uso del tenedor.

El vino

En los banquetes, el vino se servía en ricas copas de cristal o de metales nobles (a veces, recubiertos con piedras preciosas), de formas caprichosas. La bebida era abundante y repercutía en el comportamiento de los comensales, que, en ocasiones, provocaban situaciones embarazosas que obligaban al dueño de la casa a dar orden a los esclavos de que retirasen a los embriagados.

El vino era indispensable en las buenas comidas y banquetes. Lo preparaban los esclavos, y su calidad variaba según la categoría de los invitados. Se tomaba caliente, al igual que todas las bebidas. El vino mezclado con miel, *muslum*, se servía en el *gustus* o aperitivo. Como se conservaba en tinajas o ánforas con pez y hollín de mirra, rara vez salía completamente limpio y era preciso filtrarlo.

Pero los romanos acostumbraban a tomar el vino caliente mezclado con agua. La mezcla se hacía en la *cratera*, que era un gran recipiente con patas. Para sacar el vino de ella y escanciarlo en las copas utilizaban un vaso con un mango largo, *cyathus*. Las cráteras, de origen griego, solían estar profusamente decoradas.

La ilustración representa un calentador de líquidos encontrado en Pompeya. Se utilizaba para calentar el agua durante los banquetes.

4. Dónde comían

A partir del siglo I, se introdujo en Roma la costumbre de comer recostados y descalzos; para ello, utilizaban el *biclinium,* sofá para dos comensales, o el *triclinium,* lecho cubierto con colchones y recubierto con tapices orientales.

Según las estaciones del año, cenaban en los comedores de invierno, en una habitación abierta al jardín o en los cenadores de los jardines, que cubrían de parras y madreselvas.

Los *triclinios* del jardín eran de hormigón o piedra para que la lluvia no los estropeara. Al igual que los sofás de los comedores de invierno, se recubrían con tapices y almohadones a la hora de utilizarlos.

La mesa se preparaba con minuciosidad exquisita; se cubría con ricos manteles, tanto más fastuosos cuanto más rico fuese el anfitrión, y sobre ella se colocaban la suntuosa vajilla y todos los manjares preparados.

El mantel lo ponía el dueño de la casa, pero la servilleta se la traía cada comensal; esta servía para limpiarse las manos, sonarse la nariz, limpiarse el sudor y la boca, y también se empleaba para llevarse a casa los regalos con que les obsequiaba el anfitrión.

Los lechos de los triclinios eran lo suficientemente anchos como para que cupieran tres comensales, y estaban ligeramente inclinados para mantenerse tumbados en una posición cómoda respecto a la mesa.

Las cenas, normalmente, terminaban con los brindis a los dioses implorando su protección para todos los asistentes, el emperador y la patria.

Pero en los festines, tras esta ceremonia —que aún recordaba el carácter sagrado de la cena— comenzaba la *comissatio,* sobremesa o velada nocturna que duraba, muchas veces, hasta el amanecer. Era como un segundo banquete en el que alternaban los juegos, la música, las lecturas, los discursos. Actuaban comediantes y bufones, había danzas y todo tipo de espectáculos más o menos licenciosos. Los comensales se adornaban la cabeza con coronas de flores, hiedra o laurel en la creencia de que el aroma de estas plantas neutralizaría los efectos del vino.

Se nombraba un rey de la fiesta, *rex bibendi,* título que casi siempre recaía en el dueño de la casa; debía ser un experto en banquetes y vinos. Procuraba estar alegre, sin emborracharse, y cuidaba de que los invitados estuviesen bien atendidos y no se embriagasen. El rey de la fiesta no debía autorizar comportamientos deshonestos, pero no podía poner límites al placer.

Molino romano en la ciudad de Volúbilis (Marruecos).

5. Pocos ricos, muchos pobres

Contrastaba terriblemente con este modo de vida, que disfrutaban unos pocos, la existencia precaria y mísera de la gran mayoría del pueblo romano, que vivía pobremente e incluso sobrevivía gracias a la mendicidad y al reparto de trigo que hacía el Estado, la *annona.*

A estas ayudas tenían derecho, en un principio, todos los ciudadanos, sin distinción social, e incluso algunos patricios se aprovechaban de estos repartos. En tiempos de César eran unos 320 000 los beneficiados. Con Augusto, se redujeron a 200 000 (es difícil precisar si estas cifras coincidían o no con el número de indigentes que tenía Roma en aquella época). La cantidad que se repartía era inmensa, pero las raciones eran escasas. Augusto duplicaba las raciones en épocas de escasez.

El menú de los ricos estaba compuesto por manjares muy variados: mariscos, pescados caros que llegaban a Roma desde los lugares más diversos, platos exóticos y exquisitos (pajaritos de nido con espárragos, pastel de ostras, tetas de lechona, faisanes, quesos variados...).

En cambio, la dieta de los campesinos y de los pobres no se parecía en nada a la de los pudientes, ni en cantidad ni en calidad. Se alimentaban básicamente de polenta, harina de cebada mezclada con otros granos que se tomaba amasada y frita. El pan no fue un artículo de uso común entre los romanos hasta alrededor del 200 a. C. Antes de esas fechas, con la harina de trigo y agua se hacía una sopa, el *puls*, comida típica de los romanos pobres, a la que a veces se le añadía tocino.

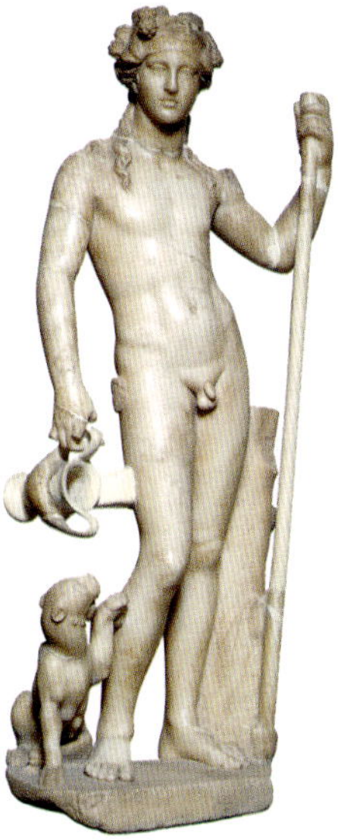

Baco, dios romano del vino. Ayuntamiento de Cabra (Córdoba).

La emigración de los campesinos a la ciudad fue en aumento y creció el número de mendigos que poblaban las calles y las plazas de Roma. La crisis agraria, las continuas guerras y la falta de estímulo para el trabajo agudizaron la situación. Muchos de estos pobres no tenían lugar fijo donde dormir; cargados con su colchón, al llegar la noche, lo extendían en los pórticos, en los bosques e incluso en el Foro. La picaresca era frecuente entre esta masa de harapientos, que fingían, para mover a compasión, ser náufragos, tener una pierna rota, padecer de ceguera o de epilepsia; otras veces cantaban pícaras coplillas por las calles, acompañándose de instrumentos sencillos. Las gentes, movidas a compasión unas veces y, otras, por el ingenio de las coplas, les daban limosna y, normalmente, se sacaban cada día un buen jornal.

Músicos ambulantes recorrían las calles de Roma acompañándose de crótalos, címbalos, tambores, flautas y triángulos. Con frecuencia se les unía un cortejo de mendigos, niños y desocupados que, al pasar por las casas de los ciudadanos poderosos, entraban en ellas y eran obsequiados con regalos y comida.

Este aspecto de la vida romana es el lado sombrío del gran Imperio y la consecuencia lógica del inmenso desarrollo que experimentó Roma, centro de la política, de los placeres y de los negocios del mundo mediterráneo.

10 EL TRABAJO Y LA ESCLAVITUD

Escena de pesca. Mosaico romano de los ss. IV-V. Museo Nacional El Bardo (Túnez).

En Roma, como en la mayoría de las sociedades de la Antigüedad, el trabajo manual era considerado indigno de un ciudadano. Los ciudadanos debían dedicarse a actividades útiles, y la más provechosa y merecedora de este calificativo era la política.
Así pues, gran parte de la prosperidad económica del pueblo romano se debió al trabajo de los esclavos que, sobre todo a partir del siglo II a. C., llegaron en gran número procedentes de las victorias en las guerras exteriores. En la guerra de las Galias (58-51 a. C.), Julio César puso en venta un millón de ellos.
Pero no solo trabajaban los sometidos a esclavitud. Aunque a ellos les fuesen reservados los trabajos más duros, los individuos libres menos favorecidos por la fortuna y los pobres desempeñaban actividades que eran más o menos variadas según habitasen en el campo o en la ciudad, y, si no estaban en la indigencia, se hacían ayudar por algún esclavo que adquirían en el mercado más cercano.

1. El trabajo rural

La agricultura era la actividad mejor considerada. Las grandes explotaciones agrícolas pertenecientes a la aristocracia terrateniente eran trabajadas por esclavos que vivían en las fincas todo el año bajo la vigilancia de un capataz que, en ocasiones, era un esclavo de confianza o un liberto.

Había también campesinos libres que trabajaban directamente sus tierras con ayuda de la familia, y otros que arrendaban parcelas a los grandes terratenientes, a quienes podían pagar la renta con dinero o con productos de la cosecha. (Las explotaciones agrícolas de gran envergadura pertenecían a los ricos, que habitaban en las ciudades y solo visitaban sus propiedades de vez en cuando).

Si los campos de cultivo se encontraban cerca de una ciudad, los campesinos llevaban a vender diariamente sus cosechas al mercado, pues solían ser productos perecederos como frutas, hortalizas y verduras frescas de gran aceptación en las urbes.

Pero si el mercado quedaba lejos o se trataba de una gran explotación, el cultivo de estos productos de consumo inmediato quedaba reservado para el alimento diario de los dueños y los trabajadores, y la mayor parte del terreno se dedicaba a la producción de trigo, viñedos y olivos.

Pisada de la uva. Mosaico romano de la Casa del Anfiteatro de Mérida (s. IV).

Hombre recolectando olivas. Detalle del mosaico de Neptuno y las cuatro estaciones *(s. II). Museo Nacional El Bardo (Túnez).*

La época más activa del año para el que trabajaba en el campo era el final del verano y el otoño. Había que segar el trigo, recoger las uvas y las aceitunas, que después serían pisadas y prensadas para obtener vino y aceite que almacenaban en tinajas de barro precintadas con brea para su posterior venta o consumo. Era el momento, también, de la matanza, de embutir y conservar la carne, de esquilar las ovejas y de hacer, en fin, todas las tareas que precedían al largo invierno.

El resto del año, la actividad consistía en preparar y sembrar las tierras, construir y reparar instalaciones, tejer cestos y colmenas, fabricar queso con la leche de cabra, y realizar trabajos de alfarería, carpintería y forja, dependiendo siempre de las necesidades. Mientras, las mujeres curtían las pieles e hilaban la lana de las ovejas, la tejían en telares y confeccionaban los vestidos. Eran en realidad agricultores-artesanos.

Los esclavos pastores de rebaños eran los que menos alterado veían su ritmo de trabajo a lo largo del año y, lejos de la vigilancia del capataz, los que disfrutaban de mayor libertad.

Utensilios agrícolas romanos: 1) pala; 2) rallum *(mango largo con un aguijón en un extremo para azuzar a los animales y un rascador en el otro extremo para limpiar el arado); 3) escardador; 4) podadora; 5) arado; 6) yugo.*

El trabajo en las minas

La suerte más miserable la corrían los mineros. Las condiciones de vida y trabajo en las minas excavadas bajo tierra mediante galerías eran tan penosas y peligrosas que solo eran sometidos a esta labor los esclavos y los criminales condenados a trabajos forzados, cuyo castigo implicaba la pérdida de libertad. La mortalidad en las minas, debida a las enfermedades y a las continuas catástrofes, era tan elevada que los mineros suscitaban la compasión de sus contemporáneos. En las minas explotadas a cielo abierto, el trabajo era mucho más soportable, por lo que en ellas también solían trabajar hombres libres a cambio de buenos salarios. Las minas eran propiedad del Estado, que necesitaba millones de esclavos para explotarlas.

Para extraer el mineral se utilizaban pesados martillos de piedra dura con mangos de madera. Para escindir las rocas se ayudaban con cuñas de hierro que colocaban en las fisuras naturales o provocadas a golpes. En determinadas circunstancias, la escisión o rotura de las rocas se conseguía calentándolas mediante hogueras y provocando un cambio brusco de temperatura al enfriarlas.

En las galerías subterráneas, la iluminación que tenían los mineros para trabajar eran lámparas de aceite sujetas a la cabeza. También se sujetaban las lámparas a cascos hechos con esparto u otra fibra vegetal. El aire enrarecido, la humedad, el frío y la casi total oscuridad eran insufribles, sin contar los derrumbamientos, que eran bastante habituales y dejaban enterrados a los mineros, aunque el techo de las galerías se apuntalaba con vigas de madera. En algunos tramos, las galerías eran muy estrechas, por lo que parte del trabajo en ellas lo realizaban mujeres e incluso niños.

De tanto en tanto, las galerías tenían aberturas al exterior a modo de chimeneas, que servían para la ventilación y para sacar a la superficie el mineral y las piedras que los esclavos acarreaban a sus espaldas con capazos, de esparto generalmente, sujetos a su frente mediante una correa. La pala era también una herramienta de uso corriente en la minería.

El duro trabajo de los esclavos en las minas puede aplicarse igualmente a los que trabajaban en las canteras y a los que remaban en las galeras.

Comercio de esclavos

Roma se abastecía de esclavos que provenían de las conquistas militares, generadoras de innumerables prisioneros de guerra. Los tratantes de esclavos ejercían su comercio públicamente. En Delos, el mercado de esclavos más importante durante la República, llegaron a venderse en un día hasta diez mil. Con el refinamiento de las costumbres, el número de esclavos requeridos por la sociedad romana fue creciendo ininterrumpidamente. A pesar de todo, no escasearon hasta la crisis del siglo III. Los precios variaban según la edad y las cualidades de las personas en venta. Del cuello de cada una de ellas colgaba un cartel en el que se indicaban la nacionalidad y sus capacidades. Curiosamente, lo que más hacía subir los precios era su inteligencia y su aptitud para determinados oficios, no su fuerza física.

Soldado romano con prisionero. Relieve del arco de Septimio Severo (s. III), en Roma.

Las Médulas

Las Médulas se encuentran en la comarca del Bierzo, provincia de León. Como se puede observar en la imagen, son los restos de una explotación minera a cielo abierto de época romana. No se trata, por tanto, de un paisaje natural, sino que es el resultado de la acción del hombre sobre el medio para aprovechar alguno de sus recursos, en este caso el oro. La espectacularidad del paraje resultante llevó a que la UNESCO lo declarase en 1997 Patrimonio de la Humanidad.

Aunque antes de que Roma conquistase el territorio el oro ya era aprovechado por los habitantes de la zona mediante el lavado de la tierra y de las arenas superficiales, fueron los romanos los que organizaron la extracción de forma intensiva y a gran escala durante los siglos I y II. Plinio el Viejo, que en el siglo I durante unos años vivió en Hispania como procurador imperial de la provincia Tarraconense –que abarcaba entonces la mitad norte de la Península–, describe en su magna obra *Historia natural* las técnicas de trabajo empleadas para extraer el oro del yacimiento de las Médulas.

Aquí el oro no se encontraba en filones entre las rocas. El mineral se hallaba en forma de pepitas mezclado con materiales de aluvión que, con un espesor de más de ciento cincuenta metros, formaban un gran cerro de conglomerados de arcillas rojas y cantos rodados originados en el Mioceno por el arrastre y el depósito de las grandes corrientes fluviales. Se trata, aún hoy, de una zona con abundancia de agua procedente de los ríos y arroyos que nacen en los montes circundantes. Hay que señalar que el cauce del río Sil está relativamente cerca. Así pues, las condiciones para explotar el oro eran óptimas y, a tal fin, los ingenieros romanos pusieron en práctica un sistema conocido como *ruina montium*.

Este método consistía en cortar y derrumbar la montaña y deshacer o destrozar los conglomerados de tierra y piedras que contenían las pepitas de oro. Para lograrlo, excavaban pozos y galerías subterráneas por las que soltaban repentinamente una gran cantidad de agua que erosionaba y derrumbaba las paredes y el techo de las galerías, al mismo tiempo que arrastraba los materiales desprendidos hasta los canales de lavado construidos para ello. El agua la captaban del nacimiento de los ríos y arroyos y, mediante canales, la transportaban a los depósitos que previamente habían construido en la parte más alta de la montaña. Una vez llenos, la soltaban de forma repentina por la fuerte pendiente.
En el transcurso del arrastre de los materiales derribados, las piedras más gruesas se apartaban a mano antes de llegar a los canales de lavado. Las pepitas de oro eran retenidas en el fondo de los canales, y los barros y lodos restantes se canalizaban hasta desaguar en el río Sil. La construcción de diques a lo largo de los canales para contener el arrastre de los materiales a conveniencia, según su tamaño y riqueza, y para evitar obstrucciones era otra de las labores en estas minas.
Este proceso entrañaba múltiples peligros para los mineros, además de las penalidades que debían soportar por la dureza del trabajo. Muchas personas murieron sepultadas en esta explotación por el desplome improvisado del techo de las galerías mientras se excavaban.

Sistema de explotación
ruina montium.

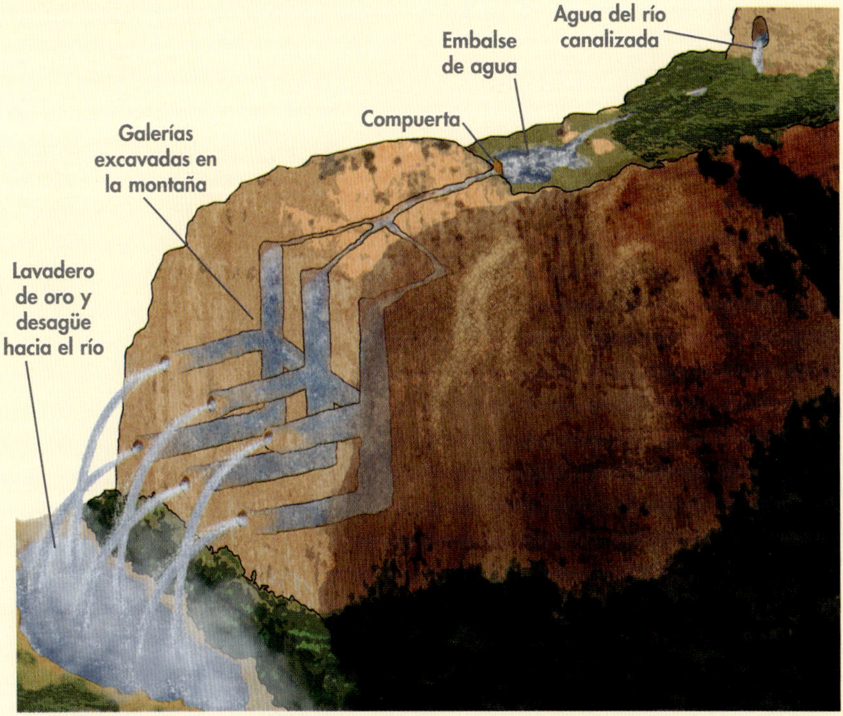

2. Las actividades urbanas

Si, como hemos visto, en el campo apenas había especialización en el trabajo y el agricultor era al mismo tiempo artesano, en las ciudades, cada individuo, libre o esclavo, desempeñaba una tarea que podía ir desde la manufactura y el comercio (la actividad peor considerada), hasta el ejercicio de una profesión libre como la de médico, maestro o banquero, que tampoco tenían la consideración de hoy.

Las ciudades romanas estaban llenas de talleres y tiendas. Tejedores, zapateros, orfebres y alfareros, entre otros, vendían sus productos al público en el mismo lugar donde los realizaban. También abundaban los comerciantes de alimentos y, junto a las panaderías y los puestos de venta de verduras, pescado y otros productos destinados a la alimentación, aparecían las *thermopolia,* especie de tabernas o tiendas con fogones donde se vendía comida preparada y caliente para llevar, especialmente lentejas y algún otro guiso barato, pues la mayoría de los romanos de las clases sociales más bajas carecían de cocina en sus casas.

Mujer vendiendo verduras y animales. Relieve de los s. II-III, museo de Ostia (Italia).

Una imagen habitual en las urbes eran las obras de construcción y restauración de edificios, que movilizaban gran cantidad de especialistas. Albañiles, canteros, carpinteros, fontaneros, vidrieros, pintores y masas de esclavos eran dirigidos por el arquitecto que había proyectado la obra.

Por su parte, el Estado mantenía servicios públicos como la extinción de incendios y las termas, atendidos todos ellos por población esclava. También los talleres de fabricación de armas eran en su mayoría de propiedad estatal. Y para mantener el orden en las concurridas calles había patrullas de policía que las recorrían continuamente.

Los puertos de las ciudades costeras soportaban el tránsito de navíos que transportaban mercancías, ejércitos y viajeros. El mar era fuente importante de ingresos, además de proporcionar una de las bases de la dieta alimenticia, el pescado.

Inventos y oficios

La extracción de metales y su posterior transformación adquirió gran desarrollo en el mundo romano. En la metalurgia consiguieron descubrimientos importantes, como el latón, mediante la aleación de cobre y cinc. Con estos metales, los herreros fabricaban herramientas de gran utilidad en diversos oficios; por ejemplo, cuchillos, sierras, espátulas... O el *speculum*, el instrumento quirúrgico más avanzado de la medicina romana. Era empleado para dilatar e inspeccionar la vagina. Su preciso sistema de atornillado y su acabado extraordinariamente pulido no fueron superados siquiera por instrumentos similares del siglo XVI.

Para moler el trigo se utilizaban dos grandes piedras planas (muelas) de forma circular con un agujero en el centro por donde pasaba un eje. El trigo se colocaba entre las dos piedras y se hacía deslizar una sobre la otra mediante el movimiento constante de un animal de tiro que iba atado al extremo de un brazo del eje central.

El pan era cocido en hornos de leña, aunque no fue un artículo de uso común entre los romanos hasta el siglo II a. C.

3. Amos y esclavos

Si la esclavitud fue la base de la economía en la época de mayor auge, no es extraño que muchos amos viesen en los esclavos el secreto de su riqueza. El esclavo, propiedad absoluta de su dueño, estaba totalmente sujeto a él. Carecía de personalidad jurídica, de propiedad y hasta de familia, porque su matrimonio, aun con permiso del amo, se consideraba un simple concubinato, y los hijos de las esclavas eran propiedad del amo de esta, aunque el padre fuese un hombre libre. Llevaba una chapa de bronce colgada al cuello, en la que estaba escrita la siguiente leyenda, junto a las señas de su amo: «Detenedme si escapo y devolvedme a mi dueño».

Pero la suerte de los esclavos no siempre era miserable. Los que estaban al servicio directo de sus amos, los esclavos domésticos, recibían un trato de favor y cuando entraban por primera vez en la casa se celebraba una ceremonia de acogida. El recién llegado se colocaba delante de las divinidades familiares, que a partir de ese momento serían también las suyas, y el dueño le echaba agua sobre la cabeza en señal de purificación.

Los esclavos de nacimiento, es decir, aquellos hijos de esclavos que pertenecían por derecho a un amo, habían nacido en su casa y en ella habían sido educados, disfrutaban de mayor confianza e independencia que los demás y formaban una clase privilegiada entre la servidumbre.

El dueño era el primer interesado en mantener sanos y fuertes a sus siervos. Los había adquirido como instrumentos de trabajo y como tales debía cuidarlos para sacarles el máximo rendimiento. El valor de un esclavo para su amo, excepciones aparte, era el de su precio de compra. Por eso, no resulta extraño que alguno aconsejase vender o abandonar a los servidores viejos y enfermos para evitar gastos inútiles.

No obstante, hubo esclavos en Roma que recibieron el mismo trato que los hombres libres, ya fuese por la humanidad de sus amos o por el trabajo intelectual que desarrollaban.

Este era el caso frecuente de los esclavos instruidos y de educación refinada, procedentes de regiones, generalmente de Grecia, con una civilización que, en cierto modo, el amo consideraba superior a la suya. A tales hombres confiaron algunos amos la educación de sus hijos y de ellos se sirvieron como secretarios y administradores.

Instaurado el Imperio y acabadas las grandes conquistas, a lo largo de los tres primeros siglos de nuestra era las anteriores masas de esclavos fueron reduciéndose, y el valor y la condición de los que subsistieron mejoró. Las diferencias existentes entre los individuos libres y los esclavos eran cada vez menores. Antiguos esclavos desempeñaron importantes funciones de gobierno, y el emperador Diocleciano (siglo III) era hijo de un esclavo que había comprado su libertad. No obstante, la esclavitud nunca fue abolida en la antigua Roma.

Banquete funerario. Pintura de la cúpula de la tumba tracia de Kazaniak (s. IV a. C.), Bulgaria. Unos sirvientes entregan obsequios al difunto y a su esposa.

ANEXOS

- Documentos
- Glosario
- Cronología
- Bibliografía
- Índices analítico y onomástico
- Filmografía

Muralla romana de Lugo.

DOCUMENTOS

El origen legendario de un imperio

Virgilio escribió la *Eneida* por encargo del emperador Augusto, con el fin de encumbrar la historia de Roma al atribuirle un carácter legendario. Así, el origen de la ciudad se narra a la manera de los mitos griegos.

Predicción de las hazañas de Eneas

Tras la destrucción de Troya, el príncipe Eneas huyó en busca de una nueva tierra. Llegó al Lacio, donde fundaría un reino que su estirpe se encargaría de convertir en imperio.

«No temas, Venus [...] Tu hijo Eneas sostendrá en Italia grandes guerras, y dominará pueblos feroces, y les dará leyes y murallas. Pasarán tres veranos y tres inviernos antes de que pueda reinar en el Lacio y logre subyugar a los rútulos. Y el hijo de Eneas, el niño Ascanio, que ahora lleva el nombre de Lulo, llenará con su imperio treinta años largos, un mes tras otro, y trasladará la capital de su reino de Lavinio a Alba Longa. Allí reinará durante trescientos años el linaje de Héctor, hasta que la reina sacerdotisa Ilia fecundada por el dios Marte, dé a luz dos hijos en un mismo parto. Luego Rómulo, uno de los dos hijos, engalanado con la roja piel de la loba, gobernará a aquella gente y levantará las murallas de la ciudad de Marte y dará su nombre a los romanos. No pongo límite ni plazo a las conquistas de este pueblo [...] De esta noble generación, nacerá Julio César, nombre derivado del gran Lulo, y extenderá su imperio hasta el océano y su fama llegará hasta las estrellas».

Virgilio: *Eneida*, libro I

Eneas y su hijo Ascanio llegan a las costas de Italia. Relieve del s. II.

La educación de los niños

En la escuela primaria (hasta los 11 años), el *ludi magister* enseñaba lectura, escritura y cálculo. Ante los problemas de disciplina, aplicaban severos castigos, aunque guiados por Quintiliano, optaron por el estímulo y el refuerzo positivo.

Un día de colegio

Los niños y las niñas asistían a la escuela al alba, acompañados por el pedagogo o un esclavo. Tenían jornada partida, y volvían a casa para comer.

«Por la mañana, me levanto al rayar el alba, llamo al esclavo y le ordeno que abra la ventana. (…) Me levanto, (…) le pido los calcetines y los zapatos porque hace frío. (…) Una vez calzado, tomo una toalla. (…) Traen agua para lavarme en una palangana. Me lavo bien la cara, las manos, la boca; me limpio los dientes y las encías, escupo, me sueno las narices y me seco. (…) Me quito la camisa de dormir, me pongo una túnica y me ciño el cinto. Me perfumo la cabeza y me peino. Salgo de mi habitación con mi pedagogo y mi nodriza. Saludo a mi padre y a mi madre. Busco mi material para escribir y se lo doy al esclavo. Todo está preparado y me pongo en camino. (...) Me salen al paso los amigos; les saludo y me saludan. (...) Dejo el abrigo en el vestíbulo, me peino, entro y digo al maestro «Buenos días». Él me saluda. El esclavo me entrega el material de escribir. (...) Este es mi sitio, lo he cogido antes que tú. (...) Me siento y me pongo a trabajar. Ya he aprendido la lección. Le pido al maestro que me deje ir a almorzar a casa, me cambio de ropa y como pan blanco, aceitunas, queso, higos secos y nueces y bebo agua. Vuelvo a la escuela (...)».

Corpus de glosas latinas, III, 379, 74 y s.

Virtudes del maestro

En la escuela, el niño estaba bajo la responsabilidad del maestro, que tenía la autoridad delegada del padre.

«Que asuma ante todo el sentir del padre hacia sus hijos, y que se considere en el lugar de aquellos por quienes le han sido confiados sus hijos. Que no tenga vicios ni los tolere. Que su seriedad no sea triste, que su compañía no sea demasiado despreocupada, para no dar lugar ni al odio ni al desprecio. Que hable mucho de lo bueno y lo honesto: cuanto más aconseje menos castigará. No debe ser irascible, pero tampoco hacer la vista gorda sobre aquellas conductas que haya que enmendar. Sencillo al enseñar, que soporte bien el trabajo, constante más que exagerado. Que responda con gusto a los que le preguntan y que pregunte a los que se callen. Al alabar los aciertos de sus discípulos no debe ser ni tacaño ni excesivo, porque de un modo los desanimará, del otro los llevará al engreimiento. Al corregir su conducta no debe ser en absoluto cruel ni insultarlos. Pues esto es lo que lleva a muchos a huir de los estudios: que algunos les corrigen como si les odiaran».

Quintiliano: *Instituto oratoria*

Inseguridad ciudadana

En Roma no existía servicio de limpieza ni alumbrado nocturno. Salir por la noche entrañaba un riesgo, y quien lo hacía se exponía a jugarse la vida. Como decía Juvenal, «para dormir hace falta mucho dinero», aludiendo a que solo aquellos que poseían una casa grande podían aislarse del estruendo callejero.

Roma de noche

En Roma se mantenían limpias las calles principales; las secundarias estaban sucias y en ellas el hedor se hacía insoportable, debido a que sus habitantes lanzaban la basura por las ventanas.

«Considera ahora otros riesgos distintos, los nocturnos. Calcula la altura de los tejados desde los que un tiesto hiere los cerebros; ¡cuántas veces rajadas o bien rotas, saltan desde las ventanas vasijas desportilladas! ¡Qué agujero excavan con su peso, cómo ensucian el pavimento de sílex! Serás tenido por necio o por poco previsor de trances repentinos si alguna vez acudes a una cena sin haber hecho testamento. De noche hay tantos peligros de muerte como ventanas encuentres abiertas a tu paso. Desea, pues, solo una cosa muy mezquina, que ojalá se te cumpla: que se contenten con echarte encima nada más que el contenido de los anchos bacines… Y aun no es esto solo lo que debes temer. Cerradas ya las casas, no faltará quien te despoje de todo, cuando en todas partes las tiendas han enmudecido con sus puertas seguras y encadenadas. A veces te asalta de improviso un bandido que blande un puñal. Mientras patrullas armadas vigilan las marismas pontinas y el bosque de Gallinaria, los bandidos se precipitan aquí como sobre un vivero».

Juvenal: *Sátiras*, III

La planificación urbanística

Para los romanos, las ventajas de vivir en la ciudad eran superiores a las de vivir en el campo, a pesar de las molestias que había que soportar debido a los ruidos y al bullicio de las calles, entre otros inconvenientes. El Estado invertía en infraestructuras que hiciesen la vida más cómoda y agradable a los ciudadanos. No faltaban en las ciudades las murallas de protección, los acueductos para asegurar la llegada del agua, el alcantarillado, los baños públicos, y los edificios y construcciones para el ocio y entretenimiento de sus moradores. Los romanos aplicaron la planta hipodámica griega en las ciudades de nueva fundación y en la ampliación o reforma de las preexistentes. Las calles quedaban dispuestas paralela y perpendicularmente, a la misma distancia, formando manzanas de dimensiones similares.

Casa de la Cuesta, en la antigua ciudad romana de Éfeso (Turquía).

Construcción de ciudades

El Imperio Romano fue un gran cuerpo cuyas células eran las ciudades. La primera de ellas, la *Urbs* por antonomasia, era Roma. Junto a ella, las ciudades más importantes fueron Cartago, Alejandría, Antioquía y Éfeso.

«Una de las principales cosas que debe considerar el arquitecto es la comodidad del sitio donde ha de edificar (...). Es preciso, pues, elegir una situación que, además de ser fértil y abundante por sí misma, tenga ríos y puertos capaces de suministrarle todas las comodidades que haya en los territorios circunvecinos.

(...) Debe ser el aire sano, para lo cual es menester que la situación sea elevada, a fin de lo que esté menos expuesta a las nieblas (...). Después de haber elegido un paraje sano, se deben delinear o demarcar las calles conforme al aspecto más ventajoso del cielo. La mejor posición será de modo que los aires no enfilen las calles en aquellos parajes en que fuesen muy fríos y extraordinariamente impetuosos. La disposición o distribución de los edificios contribuye muchísimo a su comodidad, situando bien sus partes para el uso a que se destinan. Por esta razón, la plaza pública y el mercado deben estar en medio de las ciudades, a menos que tenga puerto o río, pues los mercados no deben estar distantes del paraje donde arriban los géneros (...). Las plazas públicas, entre los griegos, estaban rodeadas de columnas muy juntas unas a otras.

Entre los romanos se ponían las columnas más separadas, porque formaban peristilos bajo los cuales había tiendas».

Vitrubio: *De architectura*, libros II y I (por este orden)

El cuidado de la imagen

La toga, principal prenda masculina, era un símbolo de estatus: solo podían llevarla los ciudadanos y los trabajadores en días festivos. Los romanos solían salir a la calle con la cabeza descubierta, lo que significaba que debían cuidar el cabello; en este sentido, las modas fueron refinando los gustos y complicando el peinado; sobre todo, el de las mujeres.

Vestir al desnudo

La toga era un manto de unos seis metros de largo, que se enroscaba alrededor del cuerpo en complicados pliegues. Había diferencias de color y de ornamento según las edades, cargos y funciones. Generalmente, era de lana.

«... Tus mantos superpuestos forman un abigarramiento de colores en tu ropero; de igual manera resplandece tu arca con tu abundante ropa interior; tus togas blancas cuya lana te llega de Apulia esquilada en más de un rebaño, podrían vestir a toda una tribu completa. En cambio, miras con indiferencia a tu amigo —¡qué indignidad!—, que con el vestido corto aguanta el frío y tirita cuando te acompaña. ¿Qué sacrificio hubiera sido para este pobre hombre robar dos piezas de tela no a ti sino a las polillas?».

Marcial: *Epigramas*, Libro II, LXVI

No es culpa del espejo

Las mujeres acomodadas cuidaban mucho su cabello: lo rizaban, lo fijaban con ungüentos, componían elaborados peinados y se adornaban con alfileres o peinetas.

«De toda la trenzada corona de tus cabellos, un solo bucle se había rebelado, sin que la mal prendida horquilla pudiera dominarlo; esta falta la ha hecho pagar Lágale al espejo en que se miraba y Placusa ha sufrido las consecuencias de tan rebeldes cabellos. ¿Por qué no dejas, Lágale, de adornarte con tan funesto peinado y que ninguna esclava ponga sus manos en tu desequilibrada cabeza? Que te la toque la salamandra o te la rape la despiadada navaja; así tu imagen se hará más digna del espejo».

Marcial: *Epigramas*, Libro II, LXVI

Livia Drusilla (s. I), esposa de Octavio Augusto, ataviada con palla *y* stola.

Cultos y rituales

Tras un período de decadencia, la religión recupera su lugar en la sociedad romana. Así, durante el Imperio se convertiría en un importante lazo de unión, dada la multiplicidad de razas, territorios y culturas.

Funciones y poderes de sacerdotes y augures

El *Pontifex Maximus* presidía el *Colegium Pontificis*, el más importante de los colegios sacerdotales de Roma. Se accedía a él tras desempeñar varios cargos en el *cursus honorum* senatorial, de modo que llegar a Pontífice Máximo significaba la culminación de una importante carrera. Su rango era equiparable al de los magistrados del Imperio.

«Los sacerdotes y la organización sacerdotal no omite ninguna clase de culto establecido por las leyes. Pues han sido creados unos sacerdotes para aplacar a los dioses, para hacerse cargo de las obligaciones religiosas solemnes: otros para interpretar las profecías de los adivinos.

Ahora bien, el mayor y más importante derecho en la vida pública es el de los augures y está vinculado a su autoridad. Pues ¿qué atribución puede haber más importante que la de poder disolver, después de haber sido convocados por los más altos magistrados en posesión del *imperium* o de la *potestas*, las reuniones de los comicios o las asambleas de la plebe, o la de anular sus decisiones después de haberse celebrado? [...] ¿Qué poder hay más extraordinario que el de decretar que los cónsules renuncien a su magistratura? ¿Qué atribuciones religiosas hay mayores que las de conceder o no conceder el derecho a convocar al pueblo o a la plebe? Nada hecho por medio de los magistrados en la paz o en la guerra puede ser aprobado por nadie sin la autorización de estos».

Cicerón: *Leyes*, II

Ritual funerario

En los tiempos más antiguos, la finalidad de los ritos funerarios era la de comunicar el estatus social del difunto; carecían de significación religiosa. Con el paso del tiempo, se crearon monumentos colosales que deslumbraron al mundo.

«Cuando muere un familiar, en primer lugar le ponen un óbolo en la boca para que le sirva para pagar el paso de la laguna... Después de lavar el cadáver, de ungirlo con bálsamo perfumado en el momento en que empezaría a oler mal, y de coronarlo con flores de la estación, lo exponen a la vista de todo el mundo, amortajado con los mejores vestidos para que no tenga frío [...]. Y mientras van haciendo todo esto, las mujeres prorrumpen en llantos y gemidos, todos lloran, se golpean los pechos, se mesan los cabellos y se arañan las mejillas. A veces incluso desgarran la ropa y se echan polvo en la cabeza, y los que aún viven están peor que el difunto, porque a menudo se revuelcan por el suelo y se golpean la cabeza contra el pavimento...».

Luciano: *Sobre el luto*

Tiempo de ocio

Los emperadores obsequiaban al pueblo con grandes y repetidas fiestas, espectáculos que se celebraban en el teatro, en el circo y en el anfiteatro. Empezaban por la mañana y terminaban al caer el sol. Cuando asistía el emperador se repartían golosinas y vino.

Espectáculos

Por medio de las grandes fiestas y diversiones públicas, los magistrados y los emperadores se ganaban el favor del pueblo. Carreras de aurigas, luchas de gladiadores y de animales, representaciones teatrales y naumaquias hacían las delicias de un público que llenaba las gradas. De todos estos espectáculos, los más celebrados eran sin duda los juegos circenses.

Auriga vencedor. Mosaico del s. IV. Museo Nacional de Arte Romano de Mérida.

«Ofreció espectáculos de varias clases: un combate de gladiadores, representaciones teatrales en todos los distritos de la ciudad, con la actuación de actores de todas las lenguas; además, juegos circenses, atléticos y una naumaquia. Durante los juegos circenses jóvenes de la más alta alcurnia hicieron correr cuadrigas, bigas y caballos amaestrados. Durante cinco días fueron ofrecidos combates con fieras salvajes en el circo y, finalmente, se libró una batalla entre dos formaciones, enfrentándose por ambas partes quinientos soldados de a pie, veinte elefantes y trescientos jinetes. Lucharon atletas durante tres días en un estadio provisional construido en un sector del Campo de Marte. Para la batalla naval fue excavado un lago y allí trabaron combate birremes, trirremes y cuatrirremes. Para presenciar estos espectáculos se congregó una multitud tan enorme de espectadores que muchos de ellos plantaron sus tiendas en las calles y plazoletas y en ellas acamparon».

Suetonio: *Vida de los 12 césares*, «César»

Busto de atleta. Mosaico de las termas de Caracalla (Roma).

El respeto al amo

La esclavitud en Roma era una institución social, entendida como la relación que unía a esclavos *(servi)* y dueños *(domini)*. Solo estos últimos tenían derechos, y esperaban de los esclavos —sobre los que ejercían un poder absoluto— sumisión y lealtad; de lo contrario, les serían aplicados los castigos oportunos.

Reflexiones de un esclavo

Entre amo y esclavo no existía ningún acuerdo o fórmula de reciprocidad en derechos y deberes. La relación que existía entre ellos era de carácter unilateral, y consistía en la satisfacción de los derechos del propietario por parte del esclavo, sin compensaciones de ningún tipo.

«Un buen esclavo conviene que piense más en su espalda que en su boca, y en las piernas que en el estómago. Nunca deben olvidar el premio que reciben de sus amos aquellos que, por gandules y traviesos, son considerados como malos sujetos: paño duro, grillos en los pies, las muelas de molino y un cansancio insoportable, hambre y frío; he aquí los premios de los perezosos. Tengo un verdadero pánico a este mal. Es por eso por lo que siempre he preferido ser un buen esclavo, que no un mal esclavo, y me satisface mucho más recibir órdenes que no recibir aquellos terribles azotes. Es más de mi gusto comerme el trigo molido, que tenerlo que moler para los otros. Hago lo que mi amo me ordena, y sirvo bien y sin chistar. ¡Y me va muy bien! Los demás harán lo que quieran, pero yo sé muy bien lo que me hago».

Plauto: *Los Menecmos*

Escena de recolección de la uva (s. IV). Bóveda del mausoleo de Santa Constanza (Roma).

GLOSARIO

anfiteatro
Edificio de planta elíptica, con gradas orientadas hacia el interior; la zona central se utilizaba para la representación de espectáculos de gladiadores o fieras.

atrio *(atrium)*
Es el centro de la casa romana. Los dos tipos más frecuentes eran el toscano, sin columnas, y el tetrástilo, con una columna en cada uno de los cuatro ángulos del *impluvium*.

augures
Descifraban la voluntad de los dioses a través del vuelo de las aves y el apetito de los pollos sagrados.

basílica
Edificio público donde se administraba justicia. También fue utilizado para el culto, como mercado o lugar de reunión de los ciudadanos para tratar asuntos de interés común.

Campania
Región del sur de Italia. Su capital es Nápoles.

Capitolio
Una de las siete colinas de Roma. En ella mandó construir el rey Tarquinio un templo dedicado a los dioses Júpiter, Juno y Minerva. También se designa con este nombre a los templos más importantes de otras ciudades.

colegios *(collegia)*
Agrupación corporativa que asociaba a los diferentes miembros de un edificio, estatus social o profesión. Antecedente de los gremios de la Edad Media.

Curia
Edificio público donde se reunía el Senado en Roma. En el resto de las ciudades, lugar donde el gobierno local ejercía sus funciones. Por extensión, conjunto de personas al servicio de la administración local.

cursus honorum
Se denomina así a la carrera política de los ciudadanos nobles romanos.

estoicismo
En la civilización grecorromana, el estoicismo fue una filosofía, un modo de vida y una concepción del mundo, que tuvo una enorme influencia en la política y la sociedad romanas. La ética estoica se basa en el ejercicio de la virtud y en la autosuficiencia, que permite al hombre desasirse de los bienes externos y conseguir la felicidad.

etruscos
Antiguo pueblo de la región de Etruria, en Italia, situada al sur de los Apeninos, entre los ríos Tíber y Amo. Se extendieron, durante los siglos VII y VI a. C., hacia el Lacio y la Campania. Alcanzaron su máximo desarrollo en el siglo VI a. C., pero en el siglo V a. C. eran tan solo una débil confederación que pronto fue dominada por Roma.

Flavia
Nombre de dos dinastías que gobernaron el Imperio Romano. A la primera dinastía pertenecieron los emperadores Vespasiano, Tito y Domiciano, del siglo I de nuestra era. A la segunda dinastía, independiente de la primera, pertenecieron Constantino el Grande y Juliano el Apóstata.

foro
Era el auténtico corazón de la ciudad. Tenía forma más o menos rectangular y estaba porticado. En este espacio público se concentraba toda la vida social. En él se levantaban los principales edificios de gobierno (asambleas, Senado), de culto (templos), económicos o judiciales (basílicas y mercados) y, además, tenían lugar los actos más importantes.

gens
Los romanos de una misma familia que comparten un *nomen* y proceden de un mismo linaje originado a partir de un antepasado ilustre.

gimnasio *(gymnasium)*

En el mundo clásico, lugar destinado a los ejercicios pugilísticos y gimnásticos en general. De origen griego, a partir del siglo V a. C. se impartían igualmente lecciones de Filosofía, Retórica, etc. Equivale a palestra.

hecatombe

Aunque al principio se denominaba así, en Grecia y Roma, al sacrificio de cien bueyes a los dioses, después se aplicó a cualquier sacrificio solemne con muchas víctimas.

impúber

El que no ha alcanzado la pubertad. Los impúberes no podían casarse ni realizar ningún acto jurídico. La pubertad se alcanzaba legalmente a los 14 años.

Juvenal

Poeta satírico latino del siglo I. Autor de numerosas sátiras, al parecer fue condenado al destierro por su franqueza.

magistrado

Cargo público que ostentaba el poder ejecutivo, judicial y militar y actuaba como ministro. Para ser magistrado era condición imprescindible ser varón y pertenecer a una familia importante.

mampostería

Obra de albañilería hecha con mampuestos o piedras sin labrar, unidas con argamasa o mortero, yeso, cal, cemento, etc.

mosaico

Obra compuesta de trocitos (teselas) de piedra, mármol, alfarería, esmalte o vidrio, de diversos colores y cuya reunión forma una composición o dibujo.

naumaquia

Espectáculo consistente en la simulación de combates navales en el anfiteatro.

orfebre

Artesano especializado en el trabajo de los metales preciosos.

paterfamilias

Padre y jefe de la familia romana. La ley le reconocía todo el derecho y la autoridad, la *potestas,* sobre todos sus miembros.

patricios

Grupo formado por los supuestos descendientes de los fundadores de Roma. Fueron los únicos ciudadanos con derechos plenos hasta bien entrada la República. Su poder político disminuyó durante el Imperio, pero mantuvieron siempre el predominio social.

peristilo *(peristylum)*

Patio rodeado de columnas que sostienen un pórtico. En las casas particulares, con frecuencia ocupado por un jardín.

plebe

Habitantes de Roma, no aristócratas, enfrentados a los patricios para conseguir la igualdad de derechos. Servían en el ejército y podían llegar a ser tribunos.

relieve

Escultura adosada a un fondo. Puede estar tallada con mucha profundidad (alto relieve) o superficialmente (bajo relieve).

retórica

Disciplina consistente en el aprendizaje de la oratoria, con la que se conseguía ser elocuente para convencer a los demás con la ayuda de la palabra. Para ser admitido en el Senado era importante dominarla.

samnitas

Pueblo itálico de rudos montañeses, muy belicoso, que practicaban el nomadismo pastoril. Estaban organizados en tribus y sometidos a una aristocracia de tipo feudal. Guerrearon con los romanos a partir del siglo IV a. C.

Séneca

Escritor, filósofo y político, nacido en Córdoba en el año 3 a. C. Asumió el estoicismo como filosofía moral.

sestercio

Moneda romana de plata que se representaba con el signo HS, equivalente a dos ases y medio o a un cuarto de denario.

Sibilas

Sacerdotisas vírgenes, consagradas al culto de Apolo, que predecían el futuro y pronunciaban oráculos.

CRONOLOGÍA

Monarquía (753 a. C. - 509 a. C.)

753 a. C. Fecha mítica de la fundación de Roma; su fundador mitológico es Rómulo. Esta fecha se corresponde con el año 1 del calendario romano.

509 a. C. Una rebelión de romanos expulsa a Tarquino el Soberbio de Roma, y proclama la República. Comienza el consulado.

República (509 a. C. - 31 a. C.)

492 a. C. Lex Icilia: reconoce las asambleas por tribus y permite los plebiscitos.

486 a. C. El cónsul Espurio Casio intenta una reforma agraria, pero los patricios se oponen. Crece el descontento de los plebeyos contra los patricios.

312 a. C. Lex Ovinia: se admite a los primeros senadores plebeyos. Apio Claudio ordena construir el primer acueducto de Roma, el Aqua Apia.

264 a. C. Estallido de la Primera Guerra Púnica. Los romanos intervienen acudiendo a un llamado de Mesina en su ayuda. En respuesta, Hierón y Cartago firman una alianza contra Roma.

219 a. C. Aníbal emprende una expedición militar contra Roma, a través de los Alpes. Comienza la Segunda Guerra Púnica.

216 a. C. Batalla de Cannae. Un gran ejército romano de más de 70 000 efectivos es masacrado por el ejército cartaginés al mando de Aníbal. El pánico se apodera de Roma ante un posible asedio de la ciudad.

202 a. C. Batalla de Zama. Los cartagineses son derrotados.

149 a. C. Estalla la Tercera Guerra Púnica.

146 a. C. Saqueo y destrucción de Cartago. Finaliza la tercera guerra púnica. Ese mismo año intervienen en Grecia, destruyen la independencia de las polis griegas, convierten el Ática en la provincia de Acaya y arrasan Corinto.

84-82 a. C. Primera guerra civil. Lucio Cornelio Sila derrota a los líderes populares Cneo Papirio Carbón y Cayo Mario el Joven.

63 a. C. Conjura de Catilina.

60 a. C. Primer triunvirato. Julio César, Cneo Pompeyo Magno y Craso se reparten el control del gobierno romano.

58 a. C. Julio César inicia la guerra de las Galias.

49 a. C. César cruza el Rubicón, y empieza así la segunda guerra civil. Batalla de Ilerda: Julio César derrota a Pompeyo.

47 a. C. César entra en Egipto y conquista Alejandría. En el incendio subsiguiente, la biblioteca de Alejandría sufre grandes estragos. Paralelamente, César nombra a Herodes el Grande procurador en Judea.

46 a. C. Se adopta el calendario juliano. Julio César ofrece la primera naumaquia.

44 a. C. Un grupo de senadores conjurados contra César le apuñala y asesina en los *idus* de marzo. Marco Antonio, general de César, enfervoriza a la plebe contra los conspiradores.

43 a. C. Guerra de Módena. Marco Antonio y Octavio (sobrino de Julio César, adoptado por este en testamento) se enfrentan para continuar el legado de

César. Pero después de que el segundo venza al primero, trazan una alianza contra sus enemigos comunes; así, con Marco Emilio Lépido, crean el segundo triunvirato. Los triunviros se reparten el territorio y crean listas de proscripciones; en medio del terror, es asesinado Cicerón.

31 a. C. Combate naval de Accio. Marco Antonio y Cleopatra son derrotados por Octavio Augusto. La República cesa y da paso al Imperio.

Imperio (31 a. C. - 476)

DINASTÍA JULIO-CLAUDIANA

30 a. C. Octavio toma Alejandría. Marco Antonio y Cleopatra se suicidan. Cesarión (hijo de Cleopatra y, posiblemente, de Julio César) es asesinado.

29 a. C. Virgilio inicia la composición de la *Eneida*.

27 a. C. Octavio intenta devolver sus poderes al Senado. Este, en respuesta, le otorga el título de augusto, y es elegido en años sucesivos para el consulado. La Península Ibérica es repartida en tres provincias: Bética, Lusitania y Tarraconense.

19 a. C. Augusto obtiene el consulado vitalicio.

12 a. C. Octavio Augusto se convierte en *Pontifex Maximus.*

14. Muerte de Octavio Augusto. Tiberio emperador.

33. Fecha tradicional de la crucifixión de Jesús de Nazaret.

37. Calígula, emperador.

41. Calígula es asesinado por los pretorianos, quienes entronizan a Claudio.

54. Claudio es envenenado por su esposa Agripina la Menor. Asciende Nerón al trono.

64. Incendio de Roma. Arde, entre muchos otros edificios, el anfiteatro del Campo de Marte. Comienza la construcción de la Domus Aurea. Primera persecución contra los cristianos.

69. El año de los cuatro emperadores. Tras una breve guerra civil, y los gobiernos de Galba, Otón y Vitelio, Vespasiano accede al Imperio.

DINASTÍA FLAVIA

79. Tito, emperador de Roma. La erupción del volcán Vesubio sepulta a Pompeya y Herculano. Plinio el Viejo muere en la erupción.

80. Inauguración del Coliseo (Anfiteatro Flavio). El poeta Marcial celebra el acontecimiento con su *Liber spectaculorum*.

DINASTÍA ANTONINA

98. Trajano, emperador.

117. Adriano, emperador.

125. Comienzan las obras de edificación del nuevo Panteón de Agripa.

161. Marco Aurelio, emperador.

DINASTÍA SEVERA

194. Septimio Severo, emperador.

212. Caracalla concede la ciudadanía a todos los habitantes libres del Imperio.

CRISIS DEL SIGLO III

235. Alejandro Severo es asesinado por sus propios soldados, junto con su madre. Empieza la guerra civil.

249. Filipo el Árabe es derrotado y muerto en batalla por Decio. Decio, emperador de Roma. Apenas entronizado, inicia una campaña para recuperar las antiguas tradiciones romanas. Nueva persecución contra los cristianos.

TETRARQUÍA

284. Diocleciano derrota a Carino y se erige como emperador de Roma.

285. Diocleciano nombra césar a Maximiano, y sienta las bases para la tetrarquía.

293. Diocleciano introduce a dos césares (Galerio y Constancio Cloro) por debajo de los dos augustos, instaurando la tetrarquía en su forma definitiva.

311. Edicto de Tolerancia de Nicomedia. Dictado por Galerio, pone fin a la persecución religiosa contra los cristianos en sus dominios orientales. Los cristianos son autorizados a reconstruir sus iglesias y a celebrar reuniones.

CONSTANTINO Y SUS SUCESORES

313. Batalla del Puente Milvio. Constantino derrota a Majencio y se reparte el Imperio con Licinio. Decreta el Edicto de Milán, y con ello otorga la tolerancia religiosa a los cristianos.

330. Constantino funda la ciudad de Constantinopla (Constantinópolis), en las inmediaciones de la antigua Bizancio, como nueva capital imperial.

352. Los francos y los alamanes invaden una vez más la Galia, y se apoderan de la región entre el Mosela y el Rin.

361. El trono pasa a Juliano el Apóstata, quien previamente se había rebelado contra Constancio. Juliano hace resurgir el paganismo frente al cristianismo.

378. Teodosio I el Grande accede al Imperio, gobernándolo desde Oriente.

392. Teodosio reunifica el mando supremo del Imperio Romano por última vez. El cristianismo es proclamado religión oficial, y el paganismo, prohibido.

394. Los distintos encuentros deportivos griegos, incluyendo los Juegos Olímpicos, son suprimidos para siempre.

PARTICIÓN DEL IMPERIO ROMANO

395. Muere Teodosio. El Imperio Romano queda dividido en dos. Honorio se hace cargo de Occidente. Arcadio, de Oriente.

410. Los visigodos, bajo el mando de Alarico, saquean Roma.

452. Atila pone a Roma bajo asedio. El papa León I consigue hacerle retroceder.

455. Genserico, rey de los vándalos, saquea Roma.

476. Odoacro depone a Rómulo Augústulo, y envía las enseñas imperiales a Constantinopla. Así simbolizaba la muerte del Imperio Romano de Occidente.

BIBLIOGRAFÍA

ARIES, Ph. y DUBY, G.: *Historia de la vida privada (I). Del Imperio Romano al año mil,* Madrid, Taurus Ediciones, 2000.

CASELLI, G.: *El Imperio Romano y la Europa medieval,* Madrid, Ediciones Generales Anaya, col. La Vida en el Pasado, 1988.

----------------: *La vida a través del tiempo,* Barcelona, ed. Plaza Joven – Círculo de Lectores, col. Ventana al Mundo, 1987.

CODOÑER, C.: *Roma y su Imperio,* Madrid, ed. Anaya, 2005.

CONOLLY, P.: *Pompeya,* Madrid, Ediciones Generales Anaya, col. La Vida en el Pasado, 1987.

GRIMAL, P.: *La civilización romana. Vida, costumbres, leyes, artes*, Barcelona, Ediciones Paidós Ibérica, 2009.

GUILLÉN, J.: *Urbs Roma. Vida y costumbres de los romanos,* Salamanca, Ediciones Sígueme, 2009.

LANE FOX, R.: *El mundo clásico. La epopeya de Grecia y Roma,* Barcelona, ed. Crítica, 2008.

LEVI, G., y SCHMITT, J. C.: *Histoire des jeunes en Occident,* París, ed. Seuil, col. L'Univers Historique, 2 vols., 1996.

LIVIO, Tito: *Historia de Roma desde su fundación,* libros I-III, Madrid, ed. Gredos, col. Biblioteca Básica Gredos, 2001. Traducida por José Antonio Villar Vidal.

MACAULAY, D.: *Nacimiento de una ciudad romana,* Barcelona, Ed. Timun Mas, 1999.

MANGAS, J.; VATINEL, J. L., y MUÑIZ, J.: *Vida cotidiana en Roma (1),* Madrid, Cuadernos Historia 16, n.º 111, 1988.

MONTERO, S.; MANGAS, J., y CID, R. M.: *La religión romana,* Madrid, Cuadernos Historia 16, n.º 80, 1985.

NACK, E., y WAGNER, W.: *Roma. El país y el pueblo de los antiguos romanos,* Barcelona, Ed. Labor, 1966.

PAOLI, U. E.: *Urbs. La vida en la Roma antigua,* Barcelona, ed. Iberia, 2000.

PLINIO SEGUNDO, Cayo: *Historia natural* (obra completa), Madrid, ed. Visor Libros, col. Biblioteca Filológica Hispana, 3 vols., 1998. Traducida y anotada por Francisco Hernández y Jerónimo de Huerta.

ROLDÁN, J. M., GONZÁLEZ, C., y RODRÍGUEZ, J. F.: *Vida cotidiana en Roma (2),* Madrid, Cuadernos Historia 16, n.º 112, 1988.

VEYNE, P.: *La sociedad romana,* Barcelona, ed. Mondadori, 1991.

http://www.isftic.educacion.es/w3/recursos/bachillerato/historia/roma/index.htm

http://www.isftic.educacion.es/paula/kairos/

http://recursos.cnice.mec.es/latingriego/Palladium/_comun/eshome.php

http://www.culturaclasica.com/

http://www.fundacionlasmedulas.org

ÍNDICES

Analítico

Onomástico

FILMOGRAFÍA

LA FUNDACIÓN

Rómulo y Remo. Italia, 1961. Dir.: Sergio Corbucci.
Si bien el valor cinematográfico del filme es más que cuestionable, lo cierto es que como documento histórico resulta interesante. Constituye una de las escasas películas sobre el origen de Roma, y lo aborda desde la perspectiva propia del *peplum* (el género fílmico en el que se incluye): aventuras fabulosas, héroes de extraordinaria fuerza física, ingenuidad, falta de medios

LA REPÚBLICA

Julio César. EE.UU., 1953. Dir.: Joseph L. Mankiewicz.
Brillante adaptación del drama homónimo de Shakespeare. La enorme capacidad interpretativa de los actores, los soberbios diálogos y soliloquios, el trabajo de cámara o la dirección artística hacen de este filme un clásico admirable. El entorno no es el de una Roma lujosa, sino un ambiente tenso, de traiciones e insidias. Ahí se enmarca la acción, protagonizada por un Julio César cuyo inmenso poder suscita la envidia de varios senadores, que intentan asesinarlo.

Espartaco. EE.UU., 1960. Dir.: Stanley Kubrick.
Magnífica superproducción, tanto por los aspectos puramente técnicos como por el incomparable reparto y el fantástico desarrollo del argumento. La película se basa en los hechos reales de un esclavo tracio, de nombre Espartaco, que dirigió la rebelión más importante contra la antigua República romana: la Guerra de los Esclavos, allá por el año 73 a. C.

Cleopatra. EE.UU., 1963. Dir.: Joseph L. Mankiewicz.
Espectacular superproducción que la crítica cataloga como obra maestra del cine. Bastante fiel a la historia, el filme es una biografía de Cleopatra, la última descendiente de los Ptolomeos, y refleja tanto su ambición, como su amor y su reinado. La falta de entendimiento entre Cleopatra y su hermano —ambos monarcas del Imperio— obliga a Julio César a trasladarse a Egipto, con el fin de evitar una guerra civil. Muy pronto, el victorioso general romano quedará cautivado por la belleza de la joven, que llegará a ser su esposa y madre de su hijo Cesarión.

Golfus de Roma. Reino Unido, 1966. Dir.: Richard Lester.
Desternillante comedia que recuerda el humor surrealista de los Monty Python. Ambientada en la Roma clásica, narra los calamitosos amores del joven Hero con la cortesana Filia. Óscar a la mejor banda sonora, también el guion y los actores son aciertos indiscutibles de la película.

Escipión, el Africano. Italia, 1971. Dir.: Luigi Magni.
Una cinta de calidad irregular, pero con indudables aciertos (como el reparto). La trama se teje en torno a las acusaciones que vierte Catón el Censor sobre Escipión el Africano y su hermano Lucio el Asiático, acusados de adueñarse de quinientos talentos, tributo de Antíoco (rey de Siria). En realidad, el interés de Catón radica en socabar el prestigio de Publio Escipión, célebre caudillo que puede hacer correr a la República el riesgo de una dictadura.

Roma. Reino Unido y EE.UU., 2005-2007. Dir.: Bruno Heller.
Serie de TV, de excelente reparto y ambientación, que se emitió en dos temporadas: la primera se centra en Julio César en sus éxitos militares y en su vida privada ; la segunda narra la carrera política de Cayo Octavio y sus disputas con Marco Antonio. Los protagonistas, Titus Pullo y Lucius Vorenus, son dos soldados de la armada de Julio César, que cuentan la historia en calidad de testigos y, sobre todo, desde la perspectiva de unos personajes involucrados en la formación de la República, su caída, y posterior renacimiento.

EL IMPERIO

Quo vadis? EE.UU., 1951. Dir.: Mervyn LeRoy.
Superproducción de Hollywood que conjuga el cine histórico de aventuras con el componente religioso. El argumento gira alrededor de dos personajes: el general Marco Vinicio y Ligia, la esclava cristiana de la que se enamora. Una excelente recreación de la Roma de Nerón en la que, precisamente, destaca la interpretación de Peter Ustinov, en el papel del emperador.

Ben-Hur. EE.UU., 1959. Dir.: William Wyler.
Máximo exponente del séptimo arte, *Ben-Hur* mereció 11 estatuillas de la Academia. La película es una memorable historia sobre la venganza y el perdón, bifurcada en dos relatos: el de Judá Ben-Hur enfrentado a su antiguo amigo Mesala, y el de Judá Ben-Hur como contemporáneo de Jesús de Nazaret. El protagonista es acusado de atentar contra la vida del nuevo gobernador romano (Mesala), lo encarcelan y lo condenan a galeras. Luchará por su redención y por liberar a su pueblo de la tiranía romana, pero sin tomarse la justicia por su mano y sin el ánimo de venganza que habían dominado su vida anterior.

La caída del Imperio Romano. EE.UU., 1964. Dir.: Anthony Mann.
Más idealista que histórica, esta película se centra —como años más tarde lo hará *Gladiator*— en la transición del poder entre Marco Aurelio y su hijo Cómodo. Ambientada en el año 180, presenta a un ya viejo emperador que intenta restaurar la República ante el decadente y sangriento estado de Roma. Para ello, nombra como sucesor a su protegido Livio, en desmedro de su ambicioso y corrupto hijo Cómodo. Este, airado, da muerte a su propio padre, se apodera del trono e instaura un gobierno dominado por el terror.

Yo, Claudio. Reino Unido, 1976. Dir.: Herbert Wise.
Serie de TV que triunfó en su momento y que, treinta años después, sigue figurando como una de las mejores producciones. No destaca por los decorados, el vestuario o la fotografía, sino por un guion y un reparto intachables. Sumamente teatral y con finas dosis de humor e ironía, muestra al emperador Claudio, que relata la historia de su familia (la dinastía Julia), repleta de intrigas, crímenes, conspiraciones, amores, pasiones y odios, en unos tiempos turbulentos en los que la política del terror y la decadencia se mezclaban con la abundancia y el esplendor del Imperio.

La vida de Brian. Reino Unido, 1979. Dir.: Terry Jones.
Sarcástica, delirante, con el característico humor absurdo de los Monty Python, esta comedia suscitó no poca polémica en El Vaticano. Narra la vida de un desastre de hombre contemporáneo de Jesucristo al que confunden con el propio Mesías, pero los hechos dejarán claro que no es más que… Brian. Una farsa, brillante e inteligente, que se refiere, en conjunto, a todas las religiones.

Gladiator. EE.UU., 2000. Dir.: Ridley Scott.
Entretenida película de aventuras que conjuga la recreación de la Roma imperial con la gesta heroica y la historia intimista de la ambición. Ambientada en el año 185, narra la peripecia de Maximus, bravo general de los ejércitos al que Marco Aurelio transfiere su poder. Objeto de intrigas y de la envidia de Cómodo (hijo del emperador), se verá convertido en esclavo y luchando como gladiador en la arena. El final es, tal vez, el mejor logro del filme.

El Imperio Romano. EE.UU., 2008. Dir.: Rex Piano, Nick Gardner, Robert H. Gardner.
Apasionante crónica que comienza con la invasión bárbara del año 114 a. C. y que continúa hasta su derrota y desaparición, también bajo la presión de las hordas bárbaras. Se trata de un extenso documental que retrata la intriga política, los desmedidos excesos, las luchas encarnizadas… de una civilización que se desmorona.